Johannes Emil Kuntze

Der Servus fructuarius des römischen Rechts

Johannes Emil Kuntze

Der Servus fructuarius des römischen Rechts

ISBN/EAN: 9783744628594

Hergestellt in Europa, USA, Kanada, Australien, Japan

Cover: Foto ©Suzi / pixelio.de

Weitere Bücher finden Sie auf **www.hansebooks.com**

DER

SERVUS FRUCTUARIUS

DES

RÖMISCHEN RECHTS.

Von

DR. JOHANNES EMIL KUNTZE.

LEIPZIG,
J. C. HINRICHS'SCHE BUCHHANDLUNG
1889.

FESTGABE

FÜR

Dr. ADOLF SCHMIDT

ZUM

6. FEBRUAR 1889.

Inhalt.

Der servus fructuarius des Römischen Rechts.

Einleitung.

		Seite
§ 1.	Das Thema	1
§ 2.	Die Literatur	4
§ 3.	Die Terminologie	7

I. Abschnitt. Allgemeines.

§ 4.	I.	Geschichtliches	9
§ 5.	II.	Begriffliches	14
§ 6.	III.	Vergleichbares	22

II. Abschnitt. Die regelmässige Gestaltung des Verhältnisses.

§ 7.	I.	Der Rechtserwerb durch den Sklaven	28
§ 8.		Fortsetzung	34
§ 9.	II.	Die Haftung des Niessbrauchers	42
§ 10.	III.	Die Coercitionsbefugniss des Niessbrauchers	46
§ 11.	IV.	Die Unterscheidung des servus fructuarius vom servus usuarius und pigneratus, sowie von den operae servi legatae	49

III. Abschnitt. Einzelnes.

§ 12.	I.	Ususfructus plurium in servo	55
§ 13.	II.	Der servus fructuarius infans et fugitivus	58
§ 14.	III.	Der servus fructuarius sine domino	60
§ 15.	IV.	Acquisitio in pendenti	65
§ 16.	V.	Stipulatio ambulans	72

Einleitung.

§ 1.

Das Thema.

Im Sklavenstande war dem gestaltenden Rechtssinne der Römer eine ziemlich schwere Aufgabe gestellt, nicht bloss politisch und social, sondern auch privatrechtlich.

In privatrechtlicher Hinsicht standen sich zwei Gesichtspunkte gegenüber: der Sklave gehört zu den Rechtsobjekten, er steht insofern auf Einer Linie mit dem bos arator oder sonst einem Thier, und er ist doch ein Mensch, ein vernunftbegabtes Wesen, also kein Thier und auf gleicher Linie, wie das Rechtssubjekt, freilich ein ganz abhängiges Wesen und darum dem Hauskind vergleichbar.

Der Sklave wird unter jenem Gesichtspunkt mancipium (Mancipationsobjekt), unter diesem aber servus genannt.[1] Die Herrschaft über den Sklaven in jener Hinsicht heisst dominium, in dieser aber potestas.[2] Potestas hat der römische Magistrat im Namen des populus Romanus, potestas hat der paterfamilias[3] über seine Hauskinder: indem also von potestas

---

[1] Si servus mancipium emit, sagt z. B. Paulus in fr. 97. pr. de evict. (21, 1). Vergl. fr. 73. § 3. 4. de leg. III.
[2] z. B. bei Pompon. in fr. 40. de stip. serv. (45, 3).
[3] Und zwar jure proprio civium Romanorum: Gai. 1, 55, während die potestas domini über Sklaven juris gentium seyn soll: Gai. 1, 52.

des Herrn über seinen Sklaven gesprochen wird, ragt dieser in eine höhere menschenwürdigere Rechtsregion hinein.

In der Sprache der Kaiserzeit werden dominium servi (mancipii) und potestas in servo oft vermengt; allein die potestas ist nicht mit dem dinglichen Recht zu identificiren, sondern nur als mit ihm combinirt zu denken. Dominium und potestas gehen freilich meist zusammen, aber sie können sich trennen, und dann wird ihre begriffliche Verschiedenheit auch praktisch offenbar. Wenn sich quiritarisches und bonitarisches Recht scheiden, so kommt dem bonitarisch Berechtigten die potestas zu,[4]) und wenn neben der proprietas servi ein ususfructus entsteht, so geht ein Theil der potestas auf den Nutzniesser über.[5]) Dieser Fall bildet unser Thema.

Wie früh sich bei den Römern die potestas über den Sklaven als etwas Besonderes neben und aus dem dominium herausgearbeitet hat, wissen wir nicht. Der Gedanke dieses Dualismus ist nicht so einfach, dass man ihn schon dem ältesten Civilrecht zuschreiben möchte. Da galt wohl juristisch der Sklave schlechthin als Eigenthumsobjekt, und nur in der Sitte stellte sich eine patriarchale Milderung heraus. Als aber die Kultur sich verfeinerte, und man den Verkehrsnutzen gebildeter Sklaven würdigen lernte, kam der civilrechtliche Satz zustande, dass der Sklave zu Gunsten seines Herrn handlungsfähig sei und acquisitive Rechtsgeschäfte für diesen wirksam vornehmen könne.[6]) Dieser civile Rechtssatz ist die Unterlage für die peculiare Verpflichtungsfähigkeit des Sklaven (actio de peculio) im Edikt. Hier steht grundsätz-

---

4) Gai. 1, 54; 3, 166.
5) Gai. 2, 92. 94; 3, 165.
6) Man kann fragen, ob die Handlungsfähigkeit der Hauskinder, oder die der Sklaven der Originalgedanke war. Für jedes von beiden lassen sich Gründe anführen, für das Erstere spricht das Zurückführen der domini potestas auf das jus gentium (Gai. 1, 52). Auf alle Fälle muss fest-

lich der Sklave dem Hauskind gleich; der Gedanke dämmert, dass im Sklavenmenschen der Keim einer Persönlichkeit steckt. In der Noxalklage der XII. Taf. liegt dieser Keim noch nicht deutlich vor, denn der Sklave hat den Rechtssatz, noxa caput sequitur, nicht nur mit dem Hauskind, sondern auch mit dem Thier (actio de pauperie) gemein.[7]) Aber mit dem Grundsatz von der repräsentativen Handlungsfähigkeit des Sklaven beginnt der Gedanke der Sklavenpersönlichkeit seinen Einzug in den römischen Kopf; man hält es dann sogar für statthaft, dass die latente Delictsobligation des Sklaven mit dessen Freilassung ohne Weiteres zu einer klagbaren Obligation erhoben wird.[8]) Die Kaiserzeit ist auf diesem Wege weit vorgeschritten und lässt den Sklaven naturaliter auch aus Contracten verpflichtet werden und verpflichten.[9])

Von diesem Standpunkt aus musste es nahe liegen, dem ususfructus in servo einen besonderen Inhalt und Ausbau zu geben. Dies geschah, und so steht denn der servus fructuarius als eine eigenthümliche Gestalt im römischen Rechtsleben da, plastisch und fest in den Umrissen, sorgfältig ausgefeilt in ihren einzelnen Gliedern.

---

gehalten werden, dass die repräsentative Handlungsfähigkeit der abhängigen Personen nicht ein einfacher (logisch zu gewinnender) Folgesatz aus der Vermögensunfähigkeit ist, sondern einen neuen weiteren positiven Rechtssatz enthält.

7) Vergl. aber Elvers Servitutenlehre, S. 69.

8) Si filius tuus servusve noxam commiserit ... si sui juris coeperit esse, directa actio cum ipso est et noxae deditio extinguitur. Gai. 4. 77.

9) Servi ex delictis quidem obligantur et si manumittantur, obligati manent, ex contractibus autem civiliter quidem non obligantur, sed naturaliter et obligantur et obligant. Ulp. fr. 14. de O. et A. (44, 7).

§ 2.

Die Literatur.

Die Glosse behandelt unser Thema, wie zu erwarten ist, nicht im grossen Zusammenhange, sondern nur einzelne Fragen an einzelnen Stellen. Aehnliches gilt von Cujacius, welcher wiederholt auf den servus fructuarius zu sprechen kommt.[1]) Anders Donellus gemäss der Anlage seiner systematischen Commentarii juris civilis; er berührt zwar nur die Hauptfragen[2]), aber zieht in seine Betrachtung auch den bona fide serviens[3]), sowie den servus usuarius.[4])

Weder Galvanus in seinen Dissertationes variae de usufructu (1676), noch Pecchius in seinem grossen dreibändigen Tractatus de servitutibus (1698) berührt den servus fructuarius. Dasselbe ist von der umfassenden Schrift von Stamms Tractatus de servitute personali (ed. 3, 1699) zu sagen; dieselbe handelt weniger von dem alten Sklavenstande, als von der Leibeigenschaft und anderen mittelalterlichen Subjectionsverhältnissen.

Brunnemann kommt im 7. Buch seines Pandektencommentars wiederholt auf den servus fructuarius zu sprechen[5]), aber ohne Interesse daran zu nehmen, denn die ganze Materie sei ohne Nutzen für die Gerichte; er nennt sie eine taediosa

---

1) Recit. ad Digesta Juliani (lib. XII. ad leg. 13. 15. 37. § 2. 3 de peculio; lib. XV. ad leg. 24. de act. emti; lib. XVI. ad leg. 25. de usufr.; lib. XLIV. ad leg. 37. de acq. dom. Commentat. in Quaestiones Papiniani lib. XXVII. ad leg. 18. § 3. de stip. serv. S. Pratenser Ausg. T. III. col. 806. 814. 815. 861. 886. 1211—3. T. IV. col. 1610—6.
2) Lib. IX. Cap. 6. § 28—36.
3) ebendas. § 37—42.
4) ebendas. Lib. X. Cap. 25. § 22—24.
5) Ad leg. 21—27. de usufr. (7, 1). An anderen Stellen der Digesten übergeht er diese Materie.

materia.[6]) Auch Voet[7]) und d'Avezan[8]) streifen nur kurz und beiläufig unser Thema, indem sie sich auf einige Einzelfragen, ohne Ausbeute zu liefern, beschränken.

Am ausführlichsten ist Noodt in seiner Monographie de usufructu[9]), wo unser Thema im 1. Buch, 16. Capitel behandelt wird; seine eingehendste Betrachtung gilt der Streitfrage über das Verhältniss unter conusufructuarii und dem Proprietar.[10])

Von den Späteren nenne ich Glück[11]), Zimmern[12]), Rein[13]), Schilling[14]), Puchta[15]) und Müller[16]); auch sie berühren den servus fructuarius, aber ohne auf die ältere Literatur zurückzugreifen und sich lediglich auf kurze Andeutungen beschränkend.

Erst in Otto Goeschen findet Noodt einen Nachfolger, welcher wieder das Thema im Zusammenhange darzustellen bemüht ist. Erklärlich ist es, dass der junge Gelehrte nach der bisherigen Gleichgültigkeit der Doctrin sich entschuldigen zu müssen meint, dass er die entlegene Materie zum Thema seiner Doctordissertation[17]) wählte; er sagt, es käme bei einer solchen nichts auf die Wahl des Thema's an, weil Dissertationen ungelesen zu bleiben pflegten (p. 6.).

---

6) Ad leg. 23. 25. 27. § 2.
7) Comment. ad Pandectas. T. I. (1757) ad VII, 1 (No. 26).
8) Liber Servitutum (in Meermann's Nov. Thesaur. juris civ. et canon. T. IV. 1752) P. III. Cap. 4.
9) Opera omnia T. I.
10) s. u. § 12.
11) Comment. Thl. IX. S. 238. 428.
12) Geschichte d. röm. Privatr. I. (1826) § 185. S. 679.
13) Privatr. d. Römer (1858) S. 328. Anm. 1.
14) Institut. II. § 139 h. § 172. d. § 192 sub. 1. und § 196
15) Institut. II. § 213. ee. § 281. b.
16) Institut. S. 100. Anm. 8.
17) Diss. Per eum hominem, qui serviat, quemadmodum nobis acquiratur. Gott. 1832.

Die Anlage seiner Arbeit unterscheidet sich von der meinigen dadurch, dass er sein Thema von vorherein auf drei verwandte und in den Quellen oft zusammengestellte Fälle des „servire" erstreckt: 1) servus fructuarius, 2) servus alienus, qui bona fide possidetur[18]), 3) liber homo, qui bona fide alteri servit.[19]) Ich dagegen habe nur den ersten der drei Fälle, welcher der Musterfall und normaler Natur ist, mir als Thema gesetzt und werde die zwei anderen Fälle, welche zu den abnormen Verkehrserscheinungen gerechnet werden müssen, nur nebenbei zur Vergleichung heranziehen, damit das Gefüge des normalen Rechtsgebildes deutlicher heraustritt. Wenn Goeschen in seiner Einleitung auf die Aehnlichkeit eines anderen Falls, nämlich des Fruchterwerbs des bonae fidei possessor hinweist, so ist zwar richtig, dass in den Quellen mehrmals[20]) dieser Fall zur Vergleichung benutzt wird; allein diese Vergleichung gilt selbstverständlich nur den abnormen Fällen unter jenen drei aufgeführten; sie hat keinen Werth für den Musterfall und wird daher von mir beiseite gelassen.

Wie Goeschen die vorhergehende Literatur unberücksichtigt gelassen hat, so ist auch er wieder von den Späteren vernachlässigt worden. Unter diesen ist Luden[21]) sehr kurz und theilweise ungenau; etwas ausführlicher Hoffmann[22]),

---

18) so Gai. fr. 43. pr. de acq. dom. (41, 1).
19) so Paul. fr. 49 eod. Goeschen macht im Vorwort darauf aufmerksam, dass das Wort servire gerade von obigen drei besonderen Fällen, nicht aber von der potestas domini gebraucht werde. Für den servus apud furem wird das servire verneint in fr. 14. de stip. serv. (45, 3) Pomponius freilich in fr. 40. eod. identificirt das servire mit der potestas überhaupt und braucht das servire vom wirklichen Sklaven und seinem Herrn. Vergl. auch fr. 12. pr. de fid. lib. (40, 5).
20) z. B. von Afric. fr. 40. de acq. dom. (41, 1), Jul. fr. 25. § 1. de usur. (22, 1).
21) Lohre v. d. Servituten (1837) S. 85. 86.
22) Lehre v. d. Servituten I. (1838). S. 148–151.

aber auch nichts weniger als erschöpfend. Schönemann[23]) lässt den servus fructuarius ganz unerwähnt; am ausführlichsten unter den Neuern behandelt ihn Elvers[24]). Letzterer geht mit besonderer Genauigkeit auf die Frage der Noxalklage wegen Delicts des servus fructuarius ein[25]), wozu noch die sorgfältigen Ausführungen Schlesinger's in der Zeitschrift für Rechtsgeschichte (VIII. S. 218 ff.) zu vergleichen sind.

§ 3.
Die Terminologie.

Ususfructus in servo, ususfructus servi, servus in quo ususfructus alienus est oder servus fructuarius sind die gebräuchlichen Bezeichnungen des unser Thema bildenden Rechtsverhältnisses. Am häufigsten findet sich der letztgenannte Ausdruck, bald mit Vorstellung, bald mit Nachstellung des Subjekts (servus), wie solcher Wechsel in der unsteten Sprachweise der Kaiserzeit beliebt war. Der Ausdruck servus fructuarius kommt bei Julian und Neratius, bei Papinian so gut, wie bei Ulpian und Paulus vor, und zwar stets die kürzere Form fructuarius, nie usufructuarius. Servus fructuarius ist also der eigentliche Begriffsname oder terminus technicus, daher habe ich ihn zur Ueberschrift gewählt.

Fructuarius (oder usufructuarius) wird sonst, wenn das Wort allein steht, vom Ususfructberechtigten gebraucht; man könnte demgemäss leicht unter servus fructuarius einen Sklaven, welchem ein Niessbrauch vom Herrn peculiarisch eingeräumt ist, verstehen, allein dies wäre falsch. Im servus

---

23) Die Servituten (1866); vergl. S. 58.
24) D. röm. Servitutenlehre (1856). S. 68—70. 498—500. 640—643.
25) S. 77. 78. und S. 512—524.

fructuarius bedeutet das zweite Wort nicht das Subjekt, sondern das Objekt der Servitut, es ist also nicht subjektivisch, sondern adjektivisch gebraucht[26]) und bezeichnet den einem Ususfrukt unterworfenen Sklaven.

Mehr als ein Mal stehen in derselben Stelle servus fructuarius (Objekt) und fructuarius (Subjekt) dicht bei einander[27]), woraus erhellt, dass diese Ausdrücke als technische feststanden; man würde sie sonst wenigstens da vermieden haben, wo die Gefahr einer Sinnverwechselung drohte.

---

26) ebenso, wie in stipulatio, cautio fructuaria, fundus fructuarius (s. z. B. fr. 1. pr. si ususfr. pet. 7, 61).

27) Julian in fr. 37. § 2. de acq. dom. (41, 1): fructuarius servus ex re fructuarii non acquirit proprietario; so auch in fr. 1. § 5. de stip. serv. (45, 3), Neratius in fr. 22. eod., Ulpian in fr. 22. de usufr. (7, 1). Aehnlich nennt Letzterer auch den fructuarius neben dem fundus fructuarius in fr. 5. § 1. si ususfr. pet. (7, 6).

I. Abschnitt.

Allgemeines.

§ 4.

I. Geschichtliches.

I. Manches spricht für die Annahme, dass die Prädialservituten bei den Römern früher zur Anerkennung und Ausbildung gekommen sind, als die Personalservituten: das Wort servitus scheint vorzugsweise von den ersteren gebraucht worden zu seyn, auch Gaius nennt noch unter den Objekten des Ususfructus zuerst den fundus und fügt erst dann die Mobilien hinzu.[1]) In der That, die Personalservitut ist weder wirthschaftlich, noch in der juristischen Construction einfach genug, um ihre Entstehung ohne directe Beweisgründe in eine sehr frühe Zeit zurückzudatiren. Wirthschaftlich: denn nur unter besonderen, meist sehr individuellen Voraussetzungen ist ein dringendes Bedürfnis vorhanden, die fast gewaltsame, einschneidende Ablösung des Sachnutzens von dem Sacheigenthum vorzunehmen, und dem so festen und principiellen Eigenthumsbegriffe des römischen Rechts gegenüber mochte diese Ablösung gar nicht leicht und zweckmässig erscheinen. Juristisch: denn das wirthschaftliche Bedürfniss musste auf

---

1) Constitit ususfructus non tantum in fundo et aedibus, verum etiam in servis et jumentis ceterisque rebus: fr. 3. § 1. de usufr. (7. 1).

das Institut der cautio usufructuaria hinführen, diese Caution konnte nur mit Hülfe der Obligatio dem Ususfruct angehängt werden, und damit war der Rechtstheorie die complicirte Aufgabe gestellt, eine Combination sachenrechtlicher und obligatorischer Beziehungen zu organisiren. Wir können aus den Quellen erkennen, dass eine solche Aufgabe keine leichte ist; ihre Lösung setzt Erstarkung des wissenschaftlichen Sinnes voraus.

Nichtsdestoweniger ist gewiss, dass die Personalservitut schon der Zeit der Republik bekannt war: wir finden das in den Quellen bezeugt; bekannt ist ja die Controverse der Veteres über den partus ancillae und den Fruchtbegriff, und die schwerfällige Ansicht der Veteres von der Behandlung des Ususfruct gegenüber der lex Falcidia.[2]) Aber ebenso gewiss ist, dass Ususfruct und Usus erst von der Jurisprudenz der Kaiserzeit im Feineren ausgebildet worden sind, die meisten Sätze der Wissenschaft gehen hier nicht über Labeo und Sabinus zurück, und viele wichtige Sätze gründen sich auf Julian's Autorität, welche auch in dieser Materie für die folgende Zeit maassgebend geblieben ist, z. B. für die Anwendung des zunächst nur dem Miteigenthum geltenden judicium communi dividundo auf das Verhältniss von conusufructuarii [3]); ebenso für das pendens dominium beim Heerdenniessbrauch und beim servus fructuarius.[4])

Das Legat erscheint in den Quellen durchaus als der Prototyp der Entstehungsgründe der Personalservitut[5]): es

---

2) fr. 68. de usufr. (7, 1); fr. 1. § 9. ad leg. Falcid. (35, 2).

3) Si inter duos usufructuarios sit controversia. Julianus libro XXXVIII. Digestorum scribit, aequissimum esse, quasi communi dividundo judicium dari. Ulp. fr. 13. § 3. de usufr. (7, 1).

4) fr. 12. § 5. eod. Dazu fr. 25. § 1 und fr. 70. eod.

5) Vergl. z. B. fr. 6; 25. § 7; fr. 29. eod.; fr. 1. 5. do usufr. ear. rer. (7, 5); fr. 1. usufr. quemadm. cav. (7. 9.)

ist auch leicht erklärlich, dass gerade im Bereich des Erbrechts diese Art Servituten eine Rolle spielte, denn in der das Individuelle berücksichtigenden Providenz des Testator musste häufig Anlass gegeben seyn, neben dem Erben als Eigenthümer aus ganz persönlichen Gründen Anderen, oder aber neben dem Legatar als Eigenthümer etwa einem der Erben für Lebenszeit den wirthschaftlichen Ertrag werthvoller Erbschaftssachen zuzuwenden.

Insonderheit der Kaiserzeit, in welcher der mühelose erbrechtliche Gewinn eine wichtige Lebensfrage Vieler war, und der reiche Testator sich in Ersinnung mannigfachster Verfügungen gefiel, ist das vielgestaltige Legat charakteristisch; ein gutes Stück des Digestenwerkes ist ja gefüllt mit Testamentsinterpretationen und mit den minutiösesten Detailfragen über Legate.

II. Hieraus erklärt sich weiter, dass in der Kaiserzeit das Anwendungsgebiet des Ususfructgedankens nach verschiedenen Richtungen ausgedehnt wird. Dies geschieht theils durch die Gesetzgebung, theils durch die Praxis. Ein Senatsbeschluss erkennt das legatum ususfructus an verzehrbaren Sachen (ususfructus pecuniae) an, die Praxis entwickelt daraus den ususfructus nominis[6]) und den ususfructus omnium bonorum[7]): auch der eigentliche Ususfruct wird, indem er für verkäuflich und theilbar erklärt und dadurch für den Verkehr möglichst flüssig gemacht wird[8]), weit aus den Servitutrahmen hinausgehoben, und die Doctrin scheut selbst vor dem Gedanken nicht zurück, dass der Ususfruct ein (dem Eigen-

---

6) Cassius und Proculus in fr. 3. de usufr. ear. rer. (7.5).

7) Celsus und Julian in fr. 29. 34. § 2. de usufr. (7. 1); dazu fr. 43. eod. Manche nehmen freilich an, dass schon das Senatusconsult den ususfructus omnium bonorum anerkannt habe; aber nicht omnium bonorum, sondern omnium rerum heisst es in demselben.

8) Vergl. z. B. fr. 1. § 9. ad leg. Falcid. (35. 2.)

thümer entrücktes) Stück des Eigenthums sei⁹): offenbar verbarg sich in diesem Paradoxon der Trieb, den Ususfruct als Werthstück möglichst zu verselbständigen und wirthschaftlich frei zu machen.

In diesen Zusammenhang des Ausbauens des Instituts der Personalservitut gehören auch der ususfructus und usus servi. Dieselben scheinen, wie aus der häufigen und eingehenden Beschäftigung der juristischen Schriftsteller mit ihnen hervorgeht, ein sehr beliebter Gegenstand des Legirens geworden zu seyn; sehr erklärlich, denn bei der finanziellen Rentabilität der potestas domini über geschäftskundige, unternehmende und gewandte Sklaven war dieselbe eine gute Quelle von Einkommen geworden, und warum sollte nicht eine solche Quelle auch im rechtlichen Wege der Personalservitut vom Erblasser seinen Günstlingen erschlossen werden? So erhielten vom Leben die Juristen die Aufgabe, den ususfructus servi durchzubilden und gegen ähnliche Erscheinungen, wie den usus servi und die operae servorum, abzugrenzen.

III. Aeltere Juristennamen, als Trebatius[10]), Labeo und Sabinus, werden für den servus fructuarius nicht angeführt; dies spricht dafür, dass der servus fructuarius eine Lieblingsfigur erst der Kaiserzeit wurde. Zufolge Ulpian[11]) hat Labeo eine neue Distinction eingeführt, und auch sonst wird in dieser Materie mehrfach auf ihn Bezug genommen; auch Gaius[12]) beruft sich auf den Gegner seiner Schule. Die Hauptstelle über

---

9) Paul. fr. 4. de usufr. (7, 1.)

10) fr. 19. de acq. dom. (41, 1). Der Varius Lucullus, welcher hier von Aristo angeführt ist, gehört schwerlich zu den Veteres. Der angebliche Q. Mucius in fr. 23. pr. de lib. causa (40, 12) ist in Wahrheit wohl Q. Cervidius Scaevola (meus); vergl. Kipp, Zeitschr. f. Rechtsgesch. XXII. (1888) S. 165 und unten § 14. III.

11) fr. 21. de usufr. (7, 1.)

12) fr. 13. de usu et hab. (7, 8).

den servus fructuarius [13]) aber ist aus Ulpian's lib. XVIII. ad Sabinum, entnommen, ebenso fr. 21—23 de usufructu, und fr. 24, 26 eod. aus dem Sabinuscommentar des Paulus; auch sonst finden wir des Oefteren auf Sabinus verwiesen [14]). Die Annahme liegt also nahe, dass in der Zeit des Labeo und Sabinus die Jurisprudenz, wie sonst, so auch in unsrer Materie einen neuen Anlauf nahm, vielleicht überhaupt jetzt erst dieselbe zum Gegenstand wissenschaftlicher Betrachtung machte.

Von da an sehen wir alle namhaften Juristen mit dem servus fructuarius beschäftigt. Bemerkenswerth ist unter ihnen Julian, auf welchen Ulpian in fr. 25. de usufructu, der Hauptstelle über unsere Materie, nicht weniger als acht Mal zurückgreift. Gaius kommt in seinen Institutionen zwei Mal [15]) auf den servus, in quo usumfructum habemus zu sprechen. Die ausführlichste Darstellung verdanken wir dem Ulpian, wie aus den drei Digestentiteln erhellt, in welchen wir den Sitz der Lehre vom servus fructuarius zu suchen haben: es sind Tit. de usufructu (7, 1) in fr. 21—26, Tit. de acquir. dominio (41, 1) in fr. 37—49 und Tit. de stipul. servorum in fr. 18—38.

Die Häufigkeit der Erwähnung und die Art der Behandlung machen nicht den Eindruck, als ob das Thema des servus fructuarius bloss eine theoretische Liebhaberei, ein lehrhaftes Spiel der römischen Juristen gewesen sei; offenbar war derselbe eine typische Figur im alltäglichen Leben. Dieselbe war von so zäher Lebenskraft, dass noch der christliche Kaiser Justinian zahlreiche Aussprüche darüber in sein Gesetz-

---

13) fr. 25. eod.
14) z. B. in fr. 23. § 1. fr. 35. § 1. de usufr. (7, 1); fr. 23. de stip. serv. (45, 3.)
15) Gai. 2, 91; 3, 165.

gebuugswerk aufnehmen lassen musste und eine Controverse ausführlich entschied [16]), während er doch alles Veraltete zu beseitigen beflissen war.

Uebrigens ist bemerkenswerth, wie wenige Controversen auf diesem Gebiet in den Quellen hervortreten. Fast Alles findet sich klar und ohne Anstoss entwickelt und ausgebaut. Die Lehre der römischen Jurisprudenz gleicht hier im Ganzen und Grossen einer spiegelglatten Fläche. Natürlich, denn war einmal die Grundlage des Gedankens — ein nach dem Vorbilde der potestas domini erweiterter Ususfruct — gegeben, so resultirten fast alle Einzelsätze mit logischer Folgerichtigkeit.

§ 5.

II. Begriffliches.

1. Die römischen Juristen stellen in Bezug auf sachenrechtliche Verhältnisse, speciell auf die Personalservitut, die servi mit den jumenta zusammen [1]); Julian vergleicht das pendens dominium beim Heerdenniessbrauch mit dem beim servus fructuarius [2]), Ulpian erwähnt die exceptionelle Servitut der operae animalium mit den Worten: operae hominis vel cujus alterius animalis. [3])

Von dieser Vergleichung ausgehend würden wir nur zu einem sehr beschränkten Inhalt des ususfructus servi gelangen. Der Usufructuar könnte sich der faktischen Dienste des Sklaven bedienen [4]) und durch Vermiethung desselben

---

16) s. u. § 14. II.
1) Gai. in fr. 3. § 1. de usufr. (7, 1).
2) fr. 12. § 5. i. f. eod.
3) fr. 5. § 3. usufr. quemadm. cav. (7, 9).
4) fr. 5. de op. serv. (7, 7): Operis servi legatis usum datum Julianus existimat.

an Andere sich Miethgelder verschaffen⁵), gerade wie das auch bei Arbeitsthieren möglich ist. Wir wissen aber, dass der servus fructuarius dem Niessbraucher noch andere Vortheile bot, die ihm rechtlich gesichert waren. Das ist eine Zuthat, welche aus dem ursprünglichen und einfachen Begriff des Ususfructs nicht ohne Weiteres ableitbar ist. Und doch fiel auf diesen Zusatz gerade der Accent, sowohl im Leben, als auch in der Theorie, denn der Erwerb durch Rechtsgeschäfte des servus fructuarius war oft das Hauptinteresse des Nutzniessers, und wie dieses Interesse juristisch zu gestalten und umgrenzen sei, die Hauptfrage der Juristen; woran sich die andere Frage knüpfte, unter welchen Umständen der Nutzniesser aus Rechtsgeschäften des servus fructuarius und für Delicte desselben haftbar sei: Fragen, welche beim ususfructus jumenti entweder gar nicht oder nur sehr beschränkt aufgeworfen werden konnten.

Für diese Fragen musste ein anderer Ausgangspunkt gesucht werden, nämlich die potestas domini über den Sklaven. Hier stand ja fest, dass der Herr nicht bloss Eigenthum am Sklaven, wie am Thier, hatte, sondern dass der Sklave auch als Erwerbsorgan und als delictfähiger Mensch in Betracht kam, und folglich Rechtsgeschäfte und Delikte des Sklaven für und gegen den Herrn wirksam seyn konnten. Wie war das nun im Fall der Entstehung eines ususfructus am Sklaven? Zweigte sich solchenfalls gewissermaassen ein Theil der potestas domini für den Niessbraucher ab, und wie musste sich dieses absonderliche Verhältniss gestalten?

Offenbar liegt hier eine neue Anwendung, eine Aus-

---

5) fr. 3. eod.: In hominis usufructu operae sunt et ob operas mercedes.

weitung des Ususfructbegriffs vor, welche nicht ohne Weiteres auf logischem Wege zu gewinnen war. Wenn Gaius[6]) sagt: fructus hominis in operis constitit, et retro, in fructu hominis operae sunt: so gelangt man nur auf dem Wege einer sehr weitherzigen Interpretation zu dem Satze, dass der Sklave auch für den Usufructuar handeln könne, und dass dieser als solcher Anspruch auf gewissen rechtsgeschäftlichen Erwerb des Sklaven habe. Zu den operae im eigentlichen Sinne gehört es sicherlich nicht[7]), wenn der Usufructuar aus der vom Sklaven empfangenen Tradition oder Stipulation Eigenthum oder Forderungsrecht erwirbt, oder wenn der Sklave ein Peculium vom Usufructuar erhält, mit welchem er Handel treibt und speculirt, um dem Usufructuar Gewinn zu bereiten. Eine Schwierigkeit liegt schon darin, dass die operae eigentlich nur auf den usus hinweisen, und der fructus zunächst auf die merces für die vermietheten operae; denn weder handelt es sich um solchen usus, noch um die Vermiethbarkeit der operae, wenn von dem Rechtserwerb durch den servus fructuarius die Rede ist.

Es ist also gewiss, dass hier eine neue Bildung vorliegt, wenn dem Usufructuar ein der potestas domini gleichartiges Erwerbsrecht zugestanden und der servus fructuarius in seiner Handlungsfähigkeit von der Servitut erfasst wird. Ein Ususfruct im gewöhnlichen sachenrechtlichen Sinne, ein eigentliches Sachenrecht liegt in diesem Punkte gar nicht vor; der Sklave als handelnder Mensch ist Gegenstand des Rechts, der servus fructuarius durchbricht also den Rahmen des Servitutbegriffs, er ist eine begriffliche Filiale der potestas im engern Sinne. Demgemäss erklärt

---

6) fr. 4. de op. serv. (7, 7).
7) Man denke an das jus operarum des Patrons, dieses umfasste nur factische Leistungen (fabriles et officiales): Tit. Dig. 38, 1.

Paulus den ususfructus servi für untheilbar, nach Art der operae servorum,⁸) und Gaius deducirt den Inhalt des Sklavenniessbrauchs nicht als inneres Ergebniss aus dem Wesen des Niessbrauchs, sondern gründet die Erscheinung auf die Praxis, indem er zweimal⁹) an entscheidender Stelle das Wort **placuit** braucht; Paulus verweist gleichfalls auf Gewohnheitsrecht, wenn er sagt: ut ei servus talis stipulari possit, **usitatum est**.¹⁰)

II. Aber wie mag die Theorie diesen fast schöpferisch zu nennenden¹¹) Schritt gefördert und legitimirt haben? 1) Man muss zuerst an den Potestas-Begriff als Anknüpfungspunkt denken.¹²) Die Ausbildung desselben war ja so wichtig für die finanzielle Ausbeutung der personae alieni juris, und der materialistische Zeitgeist begünstigte alle Mittel und Wege des Gelderwerbs. Allein bei Hauskindern gab es keinen ususfructus. Ein solcher konnte also nicht zum Vorbild dienen¹³), es handelte sich um eine Besonderheit des Sklaventhums. Nun sehen wir aber, wie die potestas domini an mehreren Punkten eigene Wege einschlägt und von der patria potestas abbiegt: wie es ein condominium an Sklaven gab, so auch eine compotestas, und der servus ordinarius konnte in ein potestasgleiches Verhältniss zum servus vicarius treten. Beides war bei Hauskindern ausgeschlossen. Warum also sollte nicht der ususfructus servi seine besondere Entwickelungsbahn gehen?

---

8) fr. 1. § 9. ad leg. Falc. (35, 2).
9) Gai. 2, 91. 92.
10) fr. 24. de usufr. (7, 1).
11) Vergl. unten den Schluss dieses §.
12) Vielleicht schwebt dieser dem Papinian (in fr. 118. pr. de V. O. 45, 1) vor, wenn er vom Usufructuar und bonae fidei possessor sagt: in his causis domini esse intelliguntur. Vergl. Ulp. fr. 8. pr. de reb. auct. jud. (42, 5): Appellatione domini fructuarius quoque continetur.
13) Potestatis verbum communiter accipiendum est, tam in filio quam in servo. Ulp. fr. 1. § 5. de pecul. (15, 1).

Es konnte in dem Gedanken eingesetzt werden, dass der Ususfruct ein Stück vom Eigenthum sei. Dieser Gedanke war den römischen Juristen nicht fremd [14], er erleichterte die commercielle Mobilisirung der doch eigentlich gebundenen Personalservitut [15], und wenn man mit diesem Gedanken weiter operirte [16], war es nicht schwer, den usufructuarius servi in Betreff des Potestasverhältnisses dem dominus servi anzunähern. Ist der Sklave Erwerbsorgan des Eigenthümers, und ist der Ususfruct eine pars dominii oder doch einer solchen vergleichbar, so ist es ganz folgerichtig, den servus fructuarius auch als ein (immerhin beschränktes) Erwerbsorgan des Niessbrauchers gelten zu lassen: denn der wirthschaftliche Ertrag des Eigenthums darf dem Usufructuar nicht, oder doch nicht ganz fehlen, der Ususfructinhalt bestimmt sich inhaltlich nach dem Recht des Eigenthümers. Nicht der paterfamilias, sondern der dominus servi ward so das Vorbild des Usufructuars. Man gewann damit zugleich den Satz, dass der Niessbraucher ohne sein Zuthun und Wissen durch den Sklaven erwarb, anders als sonst der Niessbraucher, der ja die Früchte nur mittels Perception erwirbt.[17]

2) Noch deutlicher als im Ususfructbegriff, ist vielleicht im Fruchtbegriff der Fortschritt, welchen der servus fructuarius repräsentirt. Der Fruchtbegriff hat Wandelungen durchgemacht, er hat sich erweitert, und warum sollte an diesem Streben nicht auch der ususfructus servi theilneh-

---

14) Ususfructus in multis casibus pars dominii est. Paul. fr. 4. de usufr. (7. 1). Anwendungen davon sind für die actio communi dividundo (fr. 13. § 3. de usufr. 7. 1) und furti gemacht (fr. 46. § 1. de furtis 47, 2).

15) Vergl. oben § 4. II.

16) Julian spricht sogar einmal vom dominium ususfructus (im Gegensatz zur possessio ususfructus): fr. 3. si ususfr. pet. (7, 6).

17) Mit Recht macht hierauf Elvers Servitutenlehre S. 500 aufmerksam.

men? Wenn man den Ususfruct als jus in corpore [18]) streng nimmt, gibt er dem Usufructuar nur ein Recht auf die organischen Erzeugnisse, weil diese eben unmittelbar aus dem Körper des Niessbrauchsgegenstands hervorgehen. Demgemäss nennt Ulpian [19]) als Fruchtertrag eines fundus in erster Linie: quidquid in fundo nascitur; wenn er dann hinzufügt: quidquid inde percipi potest, so deutet er auf die Erweiterung des Fruchtbegriffs hin.

Cassius, Pegasus und Pomponius beschäftigten sich mit der Erweiterungsfrage [20]): Ulpian [21]) fügt zur Jagd den Nutzen der Bienenstöcke und die Erschliessung von Bergwerken hinzu; statt des Selbstgenusses kann der Genuss auch Dritten überlassen werden, und die Vergütung dafür (merces) ist dann fructuum loco. Noch Julian hatte die Jagd nicht regelmässig als Frucht angesehen [22]), Pomponius die usurae vom Fruchtbegriff ausgeschlossen, weil sie non ex ipso corpore seien [23]); aber bei Ulpian steht die Begriffserweiterung fest [24]), er erklärt auch die Pachtzinsen pro fructibus [25]); zwar nennt er ein ander Mal die Mieth- und Pachtgelder nur neben den fructus [26]), doch wiederholt er: mercedes plane a colonis acceptae loco sunt fructuum; operae quoque servorum in eadem erunt causa, qua sunt pensiones; item vecturae navium et jumentorum. [27]) Wenn auch Pa-

---

18) fr. 2. de usufr. (7. 1).
19) fr. 9. pr. eod.
20) fr. 12. § 2. eod.
21) fr. 9. § 1; fr. 13. § 5. eod. Vergl. übrigens Schönemann, die Servituten, S. 53.
22) fr. 26. de usur. (22, 1); fr. 77. de V. S.
23) fr. 121. de V. S.
24) Usurae vicem fructuum obtinent et merito non debent a fructibus separari: fr. 34. de usur. (22, 1).
25) fr. 36. eod.
26) fr. 39. § 1. de leg. I.
27) fr. 29. de her. pet. (5. 3).

pinian sich noch vorsichtig ausspricht [28]), so ist es wahrscheinlich gerade dessen Autorität, auf welche sich Ulpian hier, wie so oft, gründet.

Uebrigens hat sich schon Javolen an einem auffallenden Punkte für Erweiterung ausgesprochen [29]), indem er zu dem Fruchtgenuss einer Sache rechnet, dass dieselbe als Pfandobjekt benutzt werden könne.[30]) Von da aus war es nur ein kleiner Schritt, wenn auch der Rechtserwerb durch Sklaven unter den Fruchtbegriff gebracht wurde. Hiermit aber war eine Stütze gewonnen für das Einkommen aus servi fructuarii.

III. Beide Gesichtspunkte (sub. 1 und 2) sind freilich wirthschaftliche und daher nicht schlechthin maassgebend für die juristische Gestaltung der Verhältnisse. Hieraus erklärt sich, dass Papinian [31]) hervorhebt: usumfructum in quibusdam casibus non partis effectum, obtinere convenit, und dass daher die rechtliche Verschiedenartigkeit des Eigenthums und des Niessbrauchs oft von Belang ist.[32]) Aber wirthschaftliche Gesichtspunkte sind ja unendlich oft die treibenden Gedanken bei Rechtsneubildungen, und die Kaiserzeit namentlich wirthschaftete gern mit der commerciellen utilitas. Man muss zugestehen, dass die Vertretung in Rechtsgeschäften noch schwerer, als das Jagen und Verpfänden, unter den Fruchtbegriff zu bringen ist, nur die freie Erwägung mensch-

---

28) Et si vectura, sicut usura, non natura pervenit, sed jure percipitur, tamen vectura desiderari potest: fr. 62. pr. de rei vind. (6, 1).

29) fr. 49. de usur. (22, 1); fr. 72. de R. J.

30) Wenn wir diesem Gedanken ernstlich Folge geben, so lässt sich ein Verpfändungsrecht des Usufructuars nicht abweisen; selbstverständlich salvo jure proprietarii, aber innerhalb des älteren Pfandrechtsinhalts (Gewährung der possessio) hat das ja gar keine Schwierigkeit.

31) fr. 33. § 1. de usufr. (7, 1).

32) s. z. B. Ulp. fr. 13. § 2. de acceptil. (46, 4); fr. 43. § 12. de furt. (17, 2) und Paul. fr. 25. de V. S.

licher, bürgerlicher Interessen konnte das zuwege bringen; es geschah unter dem mächtigen Druck des allgemeinen Verkehrsbedürfnisses.

IV. Der servus fructuarius ist nicht eine vom Gesetzgeber künstlich heraufbeschworne Gestalt; wir dürfen ihr gegenüber Folgendes nicht unerwogen lassen. Wenn die römische Jurisprudenz für die theilweise Selbständigkeit des filiusfamilias miles eintrat, sein Militärgut für ein quasiproprium patrimonium erklärte und von ihm sagte: vice patrisfamilias fungitur und duplex jus sustinet, so war das ein auf Grund kaiserlicher Verordnung unternommener, kühner und tiefer Griff in das traditionelle Wesen der patria potestas, ein Bruch mit der Vergangenheit.[33]) Ein solcher Bruch liegt in dem servus fructuarius durchaus nicht vor, derselbe war nur die freie Weiterbildung eines schon gegebenen Begriffs, des Ususfruct. Auch mit dem Quasiususfruct jenes Senatusconsults verglichen, welches die wirthschaftliche Ususfructidee in die Rechtsgestalt der Obligatio brachte, ist der ususfructus servi eine ziemlich harmlose Erfindung: er enthält nicht den Anfang einer neuen Linie, sondern die Verlängerung einer alten.

Dass dies der Fall ist, würde noch klarer seyn, wenn sich die von Schönemann vertretene Ansicht über das Wesen des Ususfruct und Usus bewahrheitet, worüber hier nicht zu handeln ist. Schönemann[34]) meint, Puchta habe Recht mit seiner Behauptung, dass der reine Usus die einzige echte Personalservitut sei, denn der Fruchtgenuss gehe eigentlich über den Servitutinhalt hinaus, die Aneignung der Früchte sei, genau betrachtet, Ausfluss totaler Sachbeherrschung, welche sich an Theilen der Hauptsache — bei der Jagd

---

33) Vergl. Kuntze, Cursus d. röm. Rechts (2. Aufl.) § 939.
34) Die Servituten (1866) S. 56.

sogar an solchen Sachen, die mit der Hauptsache in gar keinem Zusammenhang ständen — äussere. Unter diesem Gesichtspunkt lässt sich sagen, ein ähnlicher Schritt, wie der von fructus naturales zum Jagdertrag, sei der von fructus civiles zum Rechtserwerb durch Sklavengeschäfte.

Bemerkenswerth ist jedenfalls, dass, während der filiusfamilias miles und der quasiususfructus rerum consumtibilium sich auf Quellen gesetzgeberischer Kraft zurückführen, der ususfructus servi still aus der Praxis hervorgegangen ist. Es entspricht das durchaus der Rechtsbildung in der Kaiserzeit. Wirklich Neues, Bruch mit der Vergangenheit kann nur auf dem Wege gesetzgeberischer Autorität gewagt werden; der schwerfälligere Weg der Praxis, der nicht schaffende, sondern verarbeitende Gedanke der Wissenschaft hat sich auch bei den Römern schon meist auf die bescheidnere Aufgabe des Entfaltens und Weiterspinnens beschränkt. So können die drei bezeichneten Fälle als Musterfälle für die Erkenntniss der zusammenwirkenden Bedeutung der Rechtsquellen der Kaiserzeit gelten.

§ 6.
III. Vergleichbares.

I. Die römische Sklaverei bietet dem Juristen ein Feld von grösserer Mannigfaltigkeit dar, als nach dem Ausspruch der Institutionen[1]: in servorum conditione nulla est differentia, erwartet werden möchte.[2] Nachdem ein grosser Theil des Verkehrsgetriebes auf die Schultern der Sklaven abgewälzt worden war, und die humanistischere Neigung der

---

1) § 5. J. de jure pers. (1, 3).
2) Vergl. hierzu Kuntze, Cursus d. Röm. R. (2. Aufl.) § 382. 748. Excurse üb. Röm. R. (2. Aufl.) S. 575—7.

Kaiserzeit den Sklaven ein menschenwürdiges Daseyn zu garantiren angefangen hatte, konnte auch das Recht nicht gleichgültig bleiben: in zunehmendem Maasse behandelten die römischen Juristen Rechtsfragen, welche sich auf Sklaven bezogen und ihnen specifisch waren. So streift unser die Quellen durchmusternder Blick auf eine Reihe von rechtlich interessanten Gestalten, welche dem Sklaventhum angehören: wer sie zusammenstellt, würde ein lebendiges Bild vom antiken Rechtsleben in vielen seiner eigenartigsten und tiefsten Falten gewinnen.

Freilich würde es gewissermaassen das Bild einer unterirdischen, dem Schattenreich angehörigen Schicht von Rechtsbeziehungen seyn, aber es sind doch Rechtsbeziehungen, welche an tausend Stellen zu Tage treten und den Interessenkreis der römischen Herren berührten. Wir dürfen eben nicht vergessen, dass in der Kaiserzeit die Sklavenwelt, die Massen der Privatsklaven auf den Landvillen, in den Musikerkapellen, Schauspielerbanden und sonst an den Höfen der Vornehmen, der Chor der Staatssklaven und das Subalternpersonal in allen Stadtgemeinden, der Tross der Strafsklaven und die Armee der Freigelassenen eine eminente sociale Bedeutung erlangt hatten. Es gehörte zu den Finessen der Jurisprudenz dieser Zeit, welche sich im Gedränge der hellenistisch gebildeten Völker zu einer freieren Weltanschauung emporgeschwungen hatte, dem Sklaventhum im Rechtsleben durch alle geheimen und offenen Gänge nachzugeben. Wenn Ulpian sagt, servi pro nullis habentur[3]), so könnte man denken, Nullen seien eben ein Nichts und Sklaven folglich keine juristischen Grössen. Allein es geht hier so, wie mit den Nullen im System der Zahlenrealitäten: setzt man nur die Nullen an bedeutungsvolle Stellen, in Verbindung mit

---

3) fr. 32. de R. J.

wirklichen Grössen, so gewinnen sie Bedeutung, und angehängt an solche, können sie dieselben verzehnfachen, verhundertfachen. Ein einzelner Sklave konnte hundert Mal so viel Finanzkraft darstellen, als seine zehn condomini, welche durch ihn reich wurden.[4]) Sklaven also repräsentirten unter Umständen ein respectables Kapital: Grund genug für die Juristen der Kaiserzeit, alle denkbaren Lebenslagen des Sklaven unter das juristische Vergrösserungsglas zu nehmen.

II. Das römische Leben machte eine Menge von Unterschieden in der Sklavenwelt. Wir begegnen in den Quellen dem servus rusticus und urbanus, dem usualis und venalis, dem verna, veteranus (veterator) und novicius, dem negotiator, dispensator, paedagogus, histrio, mediastinus[5]); man hielt sehr auf die Unterscheidung der Arten des ministerium, es gab höhere und niedere, werthvollere und minderwerthige Sklavenämter. Aber alles das konnte nur mittelbar rechtliche Bedeutung erhalten bei Vertragsabschlüssen und Interpretation letzter Willen oder im Injurienfall.[6]) Wenn ich von den Sclaven als Gestalten in der römischen Rechtswelt rede, so meine ich etwas Anderes.

III. Als unmittelbarer Nachbar des servus fructuarius auf dem bezeichneten Felde ist der servus communis (plurium dominorum) zu nennen. Auch bei ihm theilt sich

---

4) Ulpian deutet das selbst in obiger Stelle an, indem er den Satz auf das jus civile einschränkt und das jus naturale davon ausnimmt.

5) Mediastinus ($\dot{\alpha}\tau\dot{\iota}\chi\nu o\varsigma$) ist der ungeschulte, nur zu kunstlosen Diensten gebrauchte Sklave, ein Sklave „für Alles". Fr. 6. pr. de op. serv. (7, 7).

6) Praetor non ex omni causa injuriarum judicium servi nomine promittit . . . Si infamatus sit vel facto aliquo vel carmine scripto, puto causae cognitionem Praetoris porrigendam et ad servi qualitatem. Etenim multum interest, qualis servus sit, bonae frugi, ordinarius, dispensator, an vero vulgaris vel mediastinus an qualisqualis . . . Habebit igitur Praetor rationem . . . personae servi. Fr. 15. § 44. de injur. (47, 10).

die potestas der Herren, freilich nicht in gleicher, aber doch in ähnlicher Weise, wie bei dem erstgenannten, und was von diesem ausgesagt werden könnte, sagt Julian vom servus communis: duorum servorum personam sustinet.[7]) Hieraus erklärt sich, dass in den Quellen so oft sich beide Gestalten neben einander genannt finden[8]) indem theils das Uebereinstimmende, theils das Abweichende[9]) ihrer Rechtslage (conditio, causa) angegeben wird.

Es ist oben (§ 2, S. 6.) bemerkt worden, dass Goeschen in seiner Abhandlung mit dem servus fructuarius den bona fide serviens verbunden hat; auch in den Quellen treffen wir diese Verbindung sehr häufig; so häufig, dass daraus auf die Häufigkeit dieses anomalen Verhältnisses im Verkehr zu schliessen ist. Sowohl Freie, als auch fremde Sklaven konnten, sei es nun, dass sie selbst das Unrechtmässige ihrer Lage kannten oder nicht, in den Besitz Dritter kommen, welche sich für rechtmässige Herren hielten. Auch hier war es eine wichtige Frage, ob und wie der bonae fidei possessor durch Handlungen jener erwerben oder haftbar werden könne; auch hier gab es Uebereinstimmendes und Abweichendes im Vergleich mit dem servus fructuarius, wie denn auch unter dem liber homo und servus alienus bona fide serviens wieder Uebereinstimmendes und Abweichendes[10]) anzunehmen war.

Bei dem servus communis und fructuarius sind mehrere Gewalthaber, dem servus hereditarius aber scheint

---

7) fr. 1. § 4. de stip. serv. (45, 3). Ebenso in fr. 81. pr. de leg. I.: servus communis quasi duo servi sunt.
8) z. B. in fr. 25. § 4. de usufr. (7, 1); fr. 9. de servo corr. (11, 3); fr. 37. de acq. dom. (41, 1); fr. 1. 18. 27. de stip. serv. (45, 3).
9) z. B. in fr. 37. § 2. de acq. dom. (41, 1), fr. 27. de stip. serv. (45, 3).
10) z. B. fr. 33. pr. de stip. serv. (45, 3).

es hereditate jacente überhaupt an einem Gewalthaber zu fehlen[11]): so bildet zu dem Zuviel ein Zuwenig das natürliche Gegenstück; wenn man nicht sagen will, dass auch bei dem Letzteren zwei Gewalthaber, nämlich der defunctus als bisheriger und der heres als künftiger, in Betracht kommen. Des servus hereditarius ist in den Quellen gar häufig gedacht, er scheint eine stehende Figur im Rechtsleben der auf Erbschaften erpichten Kaiserzeit gewesen zu seyn, und das Pendenzverhältniss forderte zu allerhand feinen Untersuchungen auf.[12]) In dieser Hinsicht war der servus hereditarius ein Genosse des servus cujus dominus apud hostes est[13]), und beide werden daher mehrfach zusammengestellt[14]); der servus civis captivi ist also neben dem hereditarius hier mit aufzuführen.

Auch der servus vicarius hat in gewissem Sinne einen doppelten Gewalthaber: in erster Linie den dominus, in zweiter Linie (gleichsam hinter dem dominus oder unter demselben) den ihm übergeordneten servus ordinarius[15]): das Princip der Vertheilung der Rechte auf Beide ist natürlich hier ein ganz anderes, als bei dem servus fructuarius, aber es beschränkt sich in seinen Wirkungen nicht auf den dominus, sondern kann auch Dritte angehen. Insofern gehört auch diese Sklavengestalt in den hier umschriebenen weiteren Kreis.[16])

Näher steht wieder dem servus fructuarius der servus dotalis: er kann sowohl vom Ehemann, als auch von der

---

11) Aber Javolen schon setzt den servus hereditarius dem derelictus entgegen: fr. 36. de eod.
12) z. B. in fr. 18. qu. mod. ususfr. (7, 4).
13) fr. 11. § 2. de accept. (46, 4).
14) fr. 18. § 2. de stip. serv. (45, 3); fr. 4. de temp. praescr. (44, 3).
15) fr. 17. 19. pr. de pecul. (15, 1).
16) Weder die servi fructuarii, noch die vicarii rechnet Ulpian (fr. 73. pr. § 5. de leg. III.) zu den sui servi bei der Interpretation letzter Willen.

Ehefrau her ein Peculium haben¹⁷), theils für jenen theils für diese erwerben. Ein solcher Fall wird mit dem des servus fructuarius und bonae fidei emtor verglichen und dabei von einem totum servi peculium velut patrimonium ¹⁸), wie beim servus communis¹⁹), gesprochen.

Der servus fructuarius befindet sich also inmitten einer ansehnlichen Gesellschaft. Weiter ab stehen folgende nicht minder interessante Gestalten: 1) der **servus furtivus** wird von Julian auf die Frage hin ins Auge gefasst, ob er seinem bonae fidei possessor Erwerb vermitteln könne ²⁰); 2) der **servus fugitivus**, der auch sonst den Juristen schwierige Probleme stellte, kam gleichfalls für den Rechtserwerb des Usufructuars in Frage: ebenso 3) der **servus sine domino** und 4) der **servus in possessione libertatis**.²¹) Das sind lauter Anomalien, aber sie konnten sich mit der Eigenschaft eines servus fructuarius verbinden und so der Jurisprudenz Schwierigkeiten bereiten, welche nicht mit den gewöhnlichen Mitteln zu überwinden waren. Auf einige der einschlägigen Fragen wird im dritten Abschnitt einzugehen seyn.

---

17) peculium duplicis juris, utriusque generis: Ulp. fr. 19. § 1. de pecul. (15, 1).
18) s. fr. 19. § 1. cit.
19) fr. 27. § 8; fr. 32. pr. eod.
20) fr. 39. de acq. dom. (41, 1); fr. 24. § 1. de act. emti (19, 1).
21) fr. 26. pr. de fid. libert. (40, 5.)

II. Abschnitt.

Die regelmässige Gestaltung des Verhältnisses.

§ 7.
I. Der Rechtserwerb durch den Sklaven.

I. Nicht vom ususfructus überhaupt, sondern vom ususfructus, qui est in servo, habe ich mir zu handeln vorgenommen. Ich scheide daher aus, was dieser Ususfruct mit dem an anderen Mobilien oder Sachen überhaupt gemeinsam hat, und lasse demgemäss hier unerörtert, was in den Quellen über den Anspruch des Niessbrauchers auf die operae des Sklaven, bez. auf den Lohn für vermiethete Sklavendienste, sowie gegen den Missbrauch des servus fructuarius durch ungebührliche Zumuthungen des Niessbrauchers gesagt ist. Der Sklave stand hier nicht anders, wie Thiere und wie Sachen überhaupt.[1] Das Specificum des servus fructuarius ist in dem gelegen, wo er als Mensch in Betracht kommt[2], und durch sein Handeln Rechte und Verbindlichkeiten seinem Niessbraucher erwachsen.

---

[1] Man vergleiche z. B. die Betrachtung Ulpians in fr. 12. qu. mod. ususfr. (7, 4), in fr. 15. § 1. de usufr. (7, 1) und fr 27. § 2. cod.

[2] Dies ist allerdings bei dem partus ancillae auch der Fall, dennoch lasse ich den abseits liegenden Satz, dass der usufructus ancillae die Kinder der Sklavin nicht ergreift, hier unerörtert. Vergl. Glück Comment. Thl. IX. S. 210—213.

II. Im Vordergrunde steht hier die Frage des Rechtserwerbs durch den servus fructuarius. Welche Ansprüche hat in dieser Hinsicht der Niessbraucher, und erschöpft sein Recht etwa für die Zeit seines Bestandes das Recht des Proprietars? Hat dieser etwa auch hier ohne Emolumente nur nudum jus?

Dies ist nicht der Fall. Wir sehen auch daran wieder, dass dominium und potestas nicht identisch sind: während der Eigenthümer aller Ansprüche auf Gebrauch des Sklaven entbehrte, standen ihm doch Ansprüche auf Rechtserwerb durch den Sklaven zu; ja wir werden sehen, dass der Herr sich in dieser Hinsicht der Superiorität erfreute. Vom reinen Eigenthumsbegriff aus wäre diese Vertheilung der Ansprüche nicht erklärbar, sie widerspricht der Niessbrauchsregel; recht begreiflich wird sie nur, wenn wir statt vom dominium, von der potestas ausgehen, welche freilich im Gefolge des dominium stand, aber sich doch auch von ihm trennen konnte. Gleichwie da, wo jus Quiritium und prätorisches Eigenthum auseinandergingen, die potestas dem letzteren allein folgte, so konnte auch, wenn der Ususfruct sich von der proprietas trennte, bei dieser eine Anwartschaft auf Rechtserwerb, also ein Theil der potestas zurückbleiben. Beide Fälle stimmen darin überein, dass der Maassstab der Rechtsvertheilung nicht ohne Weiteres aus dem Eigenthumsbegriff zu gewinnen, sondern nur auf dem Wege freier Rechtsbildung erreichbar war.

III. Den obersten Grundsatz über den Rechtserwerb durch servi fructuarii drückt Gaius (2, 91) so aus[3]:

De his servis, in quibus tantum usumfructum habemus, ita placuit, ut quidquid ex re nostra vel ex operis suis adquirunt, id nobis adquiratur; quod vero extra

---

[3] Ebenso § 4. J. per quas personas (2, 9); § 2. J. per quas pers. nob. obl. (3, 28); fr. 10. § 3. de acq. dom. (41, 1).

eas causas, id ad dominum proprietatis pertineat. Itaque si iste servus heres institutus sit legatumve quod ei datum fuerit, non mihi, sed domino proprietatis adquiritur.[4]

Genauer sagt, auf Grund einer von Labeo aufgestellten Unterscheidung, Ulpian[5]):

Si servi ususfructus sit legatus, quidquid is ex opera sua adquirit vel ex re fructuarii, ad eum pertinet, sive stipuletur, sive ei possessio fuerit tradita. Si vero heres institutus sit vel legatum acceperit, Labeo distinguit, cujus gratia vel heres instituitur vel legatum acceperit.[6]

Hiernach sind drei Hauptfälle zu unterscheiden:

1) Der Erwerb ex opera servi fällt dem Usufructuar, nicht dem Herrn zu.[7]) Wenn also der Sklave seine Dienste einem Dritten vermiethet, so erwirbt der Usufructuar einmal die Forderung ex stipulatu, falls stipulirt wurde[8]), und sodann den Lohn, wenn dieser geleistet wird.[9]) Dieser Fall schliesst sich thatsächlich an den der Vermiethung des Sklaven durch den Usufructuar an; es ist selbstverständlich, dass der Usufructuar selbst die Vermiethung abschliessen kann: dann fällt das ex opera servi acquisitum einfach unter den Begriff der merces, quae fructuum loco est[10]); von dem ersteren Fall dagegen gilt, was oben (§ 5. II. 2.) gesagt ist. Zu

---

4) Gaius (2. 92) fügt dann hinzu: Idem placet de eo, qui a nobis bona fide possidetur, sive liber sit sive alienus servus. Quod enim placuit de usufructuario, idem probatur etiam de bonae fidei possessore, itaque quod extra duas causas adquiritur, id vel ad ipsum pertinet, si liber est, vel ad dominum, si servus est.

5) fr. 21. de usufr. (7. 1). Vergl. Fr. Vat. § 71.

6) Ueber den Erwerb durch den bona fide serviens s. Ulp. fr. 23. pr. — § 2. de adq. dom. (41. 1).

7) Falsch erweitert Ludeu (Lehre v. d. Servituten S. 95) diesen Punkt.

8) fr. 25. § 2. de usufr. (7. 1).

9) fr. 26. eod.

10) fr. 19. pr. de usur. (22. 1).

den operae rechnet Marcellus auch die Thätigkeit eines vom Usufructuar in seiner taberna angestellten servus institor.[11])

Dem Sklaven selbst kann der Usufructuar dessen Dienste nicht vermiethen; ebenso wenig, wie der Usufructuar seine Sache dem Sklaven vermiethen kann.[12])

2) Auch der Erwerb ex re fructuarii fällt dem Usufructuar, nicht dem Herrn zu, d. h. wo nicht die Dienste des Sklaven allein, sondern Mittel, d. h. Vermögensstücke des Usufructuars den Erwerb bedingen und vermitteln, gebührt dieser dem Usufructuar[13]), z. B. wenn der Sklave Sachen des Usufructuars vermiethet, verpachtet, verkauft hat. Dabei ist es gleichgültig, ob der Usufructuar diese Sachen zu diesem Zwecke gerade dem Sklaven übergeben hatte[14]) oder ob die Sachen etwa zu dem Peculium gehörten, welches dem Sklaven vom Usufructuar überlassen ist.[15]) Jedes Geschenk, jede Einräumung eines pecuniären Vortheils Seiten des Usufructuars, mit dessen Hülfe der Sklave erwirbt, giebt dem Usufructuar Anspruch auf den Erwerb; dasselbe gilt von solchen pecuniären Vortheilen, welche der servus fructuarius sonst aus der Verwaltung von Sachen des Usufructuars gezogen hat.[16]) Was das Schenken an den servus fructuarius anlangt, so ist freilich

---

11) fr. 20. de usu et hab. (7, 8). Vergl. unten § 11. I. 2.
12) fr. 25. § 5. eod. Dem Proprietar aber kann er die Dienste vermiethen: fr. 19. § 1. de nox. act. (9, 4).
13) Anders ist es bei condomini eines Sklaven; quod ex re quidem fructuarii adquisitum fuerit, ad eum solum pertinebit; quod ex re alterius domini servus communis adquisierit, ad utrumque dominum pertinebit. Jul. fr. 37. § 2. de adq. dom. (41, 1). Ebenso fr. 27. de stip. serv. (45, 1).
14) Vergl. Theoph. Paraphr. ad § 4. per quas pers. cui acq. (2, 9) und Goeschen Diss. p. 20.
15) Vergl. fr. 24. § 1. de act. emti (19, 1). Dazu fr. 4. § 6; fr. 8. de pecul. (15, 1).
16) fr. 31. de usufr. (7, 1): ex re fructuarii id intelligitur.

zu beachten, dass der Usufructuar dem Sklaven das Geschenk mit Rücksicht auf den Proprietar machen kann: dann erwirbt dieser[17]), und was nachher durch solches Geschenk vermittelt wird, kommt nicht ex re fructuarii.

3) Wie steht es nun aber mit dem Erwerb, welcher dem servus fructuarius von Dritten auf dem Wege der Liberalität zukommt, z. B. wenn er zum Erben eingesetzt oder mit Vermächtniss bedacht wird? Hier trifft keine der beiden Voraussetzungen (ex re und ex opera) zu, denn die Quelle ist nicht des Usufructuars, sondern fremdes Vermögen, und die Erbantretung kann nicht als opera servi gelten, und noch weniger kann beim Vermächtnisserwerb von dienstlicher Thätigkeit die Rede seyn. Jenes spricht Julian[18]) ausdrücklich aus: aditio hereditatis non est in opera servili ... nec fructuarius quidem servus jussu ejus, qui usumfructum in eo habet, adire hereditatem poterit[19]); und dieser Ausspruch kann zugleich als Beweis für das Vermächtniss gelten.

Hier nun greift die von Labeo aufgestellte, von Gaius unbeachtet gelassene Distinction Platz[20]), und es kommt darauf an, mit Rücksicht auf wen (cujus gratia) der Testator die Zuwendung gemacht hat: wenn contemplatione fructuarii, so hat dieser das Erwerbsrecht, wenn contemplatione proprietarii, so dieser.[21])

---

17) fr. 49. de acq. dom. (41, 1).
18) fr. 45. pr. und § 3. de acq. her. (29, 2).
19) Anders hier beim liber homo bona fide serviens nach der von Julian angeführten, aber bestrittenen Meinung: fr. 45. § 4. eod. Dazu vergl. Goeschen Diss. p. 41. Ueber fr. 19. de acq. dom. (41, 1.) und fr. 54 pr. eod., welche gleichfalls vom bona fide serviens handeln, s. Goeschen p. 42—44.
20) fr. 21. de usufr. (7, 1); fr. Vatic. § 71. Dazu Donellus Comment. IX, 6. § 33.
21) Vergl. dazu unten § 8, III. 4. Und zwar erlangt er volles Eigenthum, nicht wie Luden (Lehre v. d. Servit. S. 86) meint, blosse Proprietät.

Derselbe Unterschied wird gemacht, wenn von Dritten eine einfache Schenkung oder eine mortis causa donatio oder Etwas conditionis implendae causa an den Sklaven gekommen ist[22]).

4) Eine besondere Stellung nimmt auch hier der Schatz ein.

Quodsi servus, in quo ususfructus alienus est, invenerit in ejus locum, qui servum proprium habet: an totum illius sit? Et si in alieno, an partem eidem adquirat, an vero fructuario? Inspectio in illo est, num ex operis servi adquiratur. Finge, terram fodientem invenisse; ut hoc dicatur fructuarii esse. Quod vero subito in abdito loco positum, nihil agens, sed aliter ambulans invenit, proprietatis domini sit. Ego nec illius ad fructuarium partem pertinere arbitror; nemo enim servorum opera thesaurum quaerit, nec ea propter tunc terram fodiebat, sed alii rei operam insumebat, et fortuna aliud dedit. Itaque si in ipsius fructuarii agro invenerit, puto, partem solam ut agri dominum habiturum, alteram ad eum, cujus in servo proprietas est, pertinere[23]).

Tryphonin stellt die Entscheidung mit Recht auf die opera servi ab, weil die Sache von aussen, nicht ex re fructuarii kommt, und er fügt mit Recht hinzu, dass Schatzfindung nicht auf Arbeit, sondern auf Zufall beruht, folglich nicht unter operae servi fällt und daher dem Proprietar zugute kommt.

---

22) fr. 22. 24. 25. pr. eod. Ungenau Paulus in fr. 49. de adq. dom. (41, 1).
23) fr. 63. § 3. de adq. dom. (41, 1).

§ 8.

Fortsetzung.

I. Unter die Erwerbsfrage fallen alle Vermögensvortheile, die der Sklave im Stande ist seinem Herrn zu vermitteln. Stipulation und Tradition (behufs Eigenthumserwerbs) sind die Hauptfälle und werden daher gewöhnlich genannt[24]; aber der Sklave kann seinem Herrn und bez. dem Usufructuar auch durch pactum eine Exceptio, durch Acceptilation Befreiung von einer Schuld verschaffen[25].

Auch der Besitz ist ein Werth. Gaius (2, 94) wirft daher die Frage auf, ob der Usufructuar durch den Sklaven Besitz erwerben und usucapiren könne. Er lässt die Frage unbeantwortet; unzweifelhaft sei die Bejahung bei dem bonae fidei possessor, der ja selbst den Sklaven besitzt[26]. Das Verkehrsinteresse aber musste zu einer Entscheidung drängen, welche von Papinian in dem einen Punkte ausdrücklich zugunsten des Usufructuars gegeben wurde.

Possessio quoque per servum, cujus ususfructus meus est, ex re mea vel ex operis servi adquiritur mihi: cum et naturaliter a fructuario teneatur et plurimum ex jure possessio mutuetur[27].

Diese Motivirung ist auffallend, denn die detentio ali-

---

24) Vergl. Fr. Vat. § 71.
25) fr. 23. pr. de usufr. (7, 1); fr. 55. de pactis (2, 14); fr. 63. de solut. (46, 3).
26) Gaius sagt: Do illo quaeritur, an per eum servum, in quo usumfructum habemus, possidere aliquam rem et usucapere possimus, quia ipsum non possidemus. Per eum vero, quem bona fide possidemus, sine dubio et possidere et usucapere possumus.
27) fr. 49. pr. de adq. poss. (41, 2).

eno nomine ist doch nicht possessio; sollte jene wirklich von Papinian selbst herrühren? Genug, der Erwerb der possessio ist bezeugt. War damit aber auch gesagt, dass der Usufructuar durch den Sklaven usucapiren könne? Nicht ohne Weiteres, denn z. B. bei der durch einen Procurator erworbenen Sache war zwar Besitzerwerb, aber nicht Usucapion für den unwissenden Vertretenen als zulässig angenommen [28]), was ja auch von Papinian hervorgehoben wird [29]). Indess scheint mir doch in dem obigen Falle von der possessio auf die usucapio geschlossen werden zu müssen, eben wegen der hinzugefügten, allgemein lautenden Motivirung. Jedenfalls hat es kein Bedenken, anzunehmen, dass die Usucapion von Statten ging, wenn der Usufructuar den Besitz kennt, denn in diesem Falle eben liess Papinian die Usucapion der vom Procurator in Besitz genommenen Sache auch zu. Ebenso ist unbedenklich anzunehmen, dass, wenn der servus fructuarius vom Usufructuar ein Peculium hatte, im Zusammenhang damit die Usucapion zugunsten des Usufructuars vor sich ging, selbst wenn er nicht wissend war [30]).

Auch Paulus berührt die Frage des Besitzerwerbs durch den servus fructuarius [31]):

Per eum, in quo usumfructum habemus, possidere possumus, sicut ex operis suis adquirere nobis solet; nec ad rem pertinet, quod ipsum non possidemus, nam nec filium.

Zwischen Gaius und Paulus steht Papinian's Autorität: Gaius zweifelte noch, Paulus zweifelt nicht mehr; aber auch

---

28) Paul. fr. 47. de usurp. (41, 3).
29) fr. 49. § 2. de adq. poss. (41, 2). Aehnlich schliesst Julian vom Procurator auf den Sklaven in fr. 37. § 6. cod.
30) nach Analogie von fr. 47. cit.
31) fr. 1. § 8. de acq. poss. (41, 2).

Paulus spricht nur von possessio, nicht von usucapio. Ebenso war es eine Frage in der römischen Jurisprudenz, ob man durch einen servus fugitivus Besitz erwerben und usucapiren könne; Nerva filius verneinte, Cassius und Julian bejahten den Besitzerwerb[32]). Man entschied sich für den Besitzerwerb, so lange nicht der Sklave von einem Dritten in Besitz genommen sei, und Paulus fügt hinzu: utilitatis causa receptum est, ut impleatur usucapio, quamdiu nemo nactus sit ejus possessionem[33]). Also auch in diesem Fall entschloss man sich, Besitzerwerb und selbst Usucapion anzunehmen.

Zu bemerken ist noch, dass Gaius in dem vorhergehenden Paragraphen[34]) die andere Frage beantwortet, ob der Nutzniesser den servus fructuarius selbst usucapiren könne: er sagt natürlich: usucapere non potest, primum quia non possidet, sed habet jus utendi fruendi, deinde quia scit, alienum servum esse.

II. Unter Umständen bleibt die Erwerbsfrage in Schwebe: dann nämlich, wenn noch nicht entschieden ist, ob die Baarzahlung, von welcher der vertragsmässige Eigenthumserwerb noch abhängt, aus den Mitteln des Proprietars oder des Usufructuars erfolgt: numeratio declarabit, cui sit adquisita stipulatio — cujus sit dominium[35]).

An diesen Schwebezustand hängen sich allerhand weitere Fragen: 1) Wenn der servus fructuarius eine Sache gekauft hat, und der Usufructuar vor Eintritt der Entschei-

---

32) Aehnliche Streitfrage in fr. 1. § 22. eod. Etwas abweichend neuerdings Goldschmidt Studium zum Besitzrecht (1888) S. 30.
33) fr. 1. § 14. eod.
34) Gai. 2, 93. Ebenso § 4. J. per quas pers. nob. acq. (2, 9).
35) Ulp. in fr. 25. § 1. und fr. 12. § 5. eod. Ebenso Gaius in fr. 43. § 1. de adq. dom. (41, 1). So lange schwebt daher auch die Zuständigkeit der actio redhibitoria: fr. 43. § 10. de aedil. ed. (21, 1).

dung capitis deminutio (minima) erleidet, kann dann noch durch Zahlung aus dessen Mitteln ihm die actio ex emto gegen den Verkäufer auf Tradition der Sache erworben werden? Julian verneint es [36]), weil der Zahlende aufgehört hat, Usufructuar zu seyn, also die Zahlung nicht aus Usufructuars Mitteln geschieht [37]), und folglich kann er das Gezahlte mit der condictio indebiti zurückfordern.

2) Wenn der servus fructuarius die erkaufte Sache tradirt erhalten und etwas stipulirt hat, und der Usufructuar vor erfolgender numeratio pecuniae Usufructuar zu seyn aufhört, so hatte nach der Ansicht des Marcellus und Mauricianus die durch den Sklaven erfolgende Zahlung den Eigenthumserwerb des Proprietars zur Folge; Julian aber vertrat die von Ulpian als humanior bezeichnete Meinung, dass auch hier es darauf ankomme, ob der Sklave das Geld aus des Proprietars oder des Usufructuars Mitteln genommen habe, dass letzternfalls der frühere Usufructuar das Eigenthum der Waaren nachträglich erwerbe, und dass, wenn die Zahlung aus den beiderseitigen Mitteln geflossen sei, das Eigenthum Beiden pro rata pretii soluti zukomme [38]).

Die Eigenthümlichkeit dieses Pendenzzustandes tritt erst in volles Licht, wenn er mit der Bedingung verglichen wird. Hierüber soll in einer besonderen Ausführung gehandelt werden [39]).

III. Wir haben gesehen, dass, abweichend vom gewöhnlichen Niessbrauchsfall, beim ususfructus servi der Proprie-

---

36) fr. 24. pr. de act. emti (19, 1).
37) S. dazu Cujacius in lib. XV. Dig. Juliani, ad l. 24. de act. emti (Op. omnia, Prati III. col. 861).
38) fr. 25. § 1. de usufr. (7, 1). Dazu Hoffmann D. Lehre v. d. Servituten I. S. 150.
39) s. unten § 15.

tar nicht leer ausgeht; aber er hat nicht bloss neben dem Usufructuar ähnliche Ansprüche auf den Sklavenerwerb, sondern in dieser Hinsicht sogar einen gewissen Vorrang, und zwar in Gemässheit folgender Grundsätze[40]).

1) Ueberhaupt was dem Usufructuar nicht erworben werden kann, das fliesst dem Proprietar zu: eine von Julian aufgestellte, von Ulpian gebilligte Regel[41])

2) Hat der Sklave zwar ex re fructuarii, aber nominatim für den Proprietar sich versprechen oder tradiren lassen, so wird dieser, nicht der Niessbraucher berechtigt, nicht aber greift das Umgekehrte zugunsten des Usufructuars Platz[42]).

3) Der servus fructuarius kann die Gewährung des Ususfructs an sich vom Usufructuar stipuliren. Dann erwirbt er den Ususfruct dem Proprietar auch, wenn er sine nomine (ohne Nennung des Proprietars) stipulirt hat[43]).

4) Ist von einem Dritten dem servus fructuarius Etwas liberal zugewendet worden ipsius servi contemplatione[44]).

---

40) Vergl. unten sub V. 4. a. E.
41) fr. 25. § 3. de usufr. (7, 1). Ebenso Paulus in fr. 31. de stip. serv. (45, 3) und Sent. Rec. V, 7, 3. und Gai. 2, 91. Vergl. hierzu die Bemerkung bei Donellus Comment. IX, 6 § 34 und bei Goeschen Diss. p. 39 (Abweichung des Paulus).
42) fr. 25. § 3. cit ; ebenso schon Julian in fr. 37. § 5. de adq. dom. (41, 1), Neratius in fr. 22. de stip. serv. (45, 3) und Pompon. in fr. 39. eod. Vergl. Goeschen Diss. p. 38. Auf besonderer Erwägung beruht es, wenn Paulus die Stipulation des servus fructuarius „domino aut fructuario", wofern sie ex re fructuarii geschieht, für ungültig, wofern sie ex re proprietarii geschieht, für gültig erklärt in dem Sinne, dass dann der Proprietar Gläubiger und der Niessbraucher solutionis capax wird. Fr. 98. § 7. de sol. (46, 3). Vergl. Julian in fr. 1. § 5. de stip. serv. (45, 3.) und Gai. in fr. 28. pr. eod. Dazu Cujac. Observat. 21, 14 und Noodt de usufructu I, 16 (op. omnia 1724 p. 426).
43) fr. 25. § 4. de usufr. (7, 1).
44) Vergl. dazu oben sub III. 3. (in diesem §).

so fällt der Erwerb dem Proprietar, nicht dem Usufructuar zu[45]).

IV. Wenn in dem Falle sub III. 2. der Proprietar Etwas auf Kosten des Usufructuars erworben hat, so erscheint es unbillig, diesen Erwerb dem Proprietar zu belassen, weil er aus den Mitteln des Usufructuars gekommen ist. Pomponius gibt daher, unter Berufung auf Cassius Longinus, dem Usufructuar gegen den Proprietar die condictio sine causa auf Herausgabe des Erworbenen[46]).

V. Auch der Erwerb von Delictsobligationen kann für den Usufructuar in Frage kommen.

1) Durch subreptio servi ist das Interesse sowohl des Proprietars als auch des Usufructuars verletzt: Beiden steht daher die actio furti zu.

Dividetur igitur inter dominum et fructuarium; fructuarius aget de fructibus vel quanti interfuit ejus furtum factum non esse, proprietarius vero aget, quod interfuit ejus, proprietatem non esse subtractam.[47])

2) Ebenso ist durch corruptio servi Beider Interesse verletzt, und der Usufructuar hat daher die, hier als utilis bezeichnete, actio servi corrupti nicht bloss Dritten, sondern auch dem Proprietar gegenüber.

Si in servo ego habeam usumfructum, tu proprietatem, siquidem a me sit deterior factus, poteris mecum experiri; si tu id feceris, ego agere utili actione possum. Ad omnes enim corruptelas haec actio pertinet; et interesse fructuarii videtur, bonae frugi servum esse, in quo usumfructum habet. Et si forte alius eum recoperit (i. e.

---

45) Ulp. fr. 22. de usufr. (7, 1).
46) fr. 39. de stip. serv. (45, 3). Vergl. dazu fr. 28. eod.
47) Ulp. fr. 46. § 1. furti (47,.2). Auch hier hat Ulpian den Julian zum Vorgänger: fr. 35. de usurp. (41, 3).

refugium abscondendi causa servo praestiterit[48]) vel corruperit, utilis actio fructuario competit[49]).

3) Ebenso kann die actio legis Aquiliae dem Usufructuar als utilis erworben werden[50]), selbst dem Proprietar gegenüber.

Sed et si proprietatis dominus vulneraverit servum vel occiderit, in quo ususfructus meus est: danda est mihi ad exemplum legis Aquiliae actio in eum pro portione ususfructus, ut etiam ea pars anni in aestimationem veniat, qua nondum ususfructus meus fuit[51]).

Es versteht sich von selbst, dass in diesen Fällen nicht bloss der gewöhnliche Gebrauchswerth des Sklaven, sondern alle Erwerbshoffnung des Usufructuars bei der Schätzung in Ansatz kommt.

4) Durch Beleidigung des Sklaven Seiten Dritter kann mittelbar der Gewalthaber beleidigt seyn: interdum injuria servo facta ad dominum redundat[52]). Auch der Usufructuar, so dass ihm die actio injuriarum zustände? Ulpian sagt:

Si usumfructum in servo habeam, tu proprietatem, isque verberatus sit vel quaestio de eo habita: injuriarum actio magis proprietario, quam mihi competit.[53])

Das scheint bis dahin die einfache Regel gewesen zu

---

48) fr. 1. § 2. de servo corr. (11, 3).
49) Ulp. fr. 9. § 1. eod. Anders bei dem bona fide serviens: fr. 1. § 1. eod. Paulus spricht in fr. 66. de usufr. (7, 1) schlechtweg von actio servi corrupti. Goeschen Diss. p. 31 meint, fr. 1. § 1. cit stimme mit fr. 9. § 1. cit. überein, indem in ersterer Stelle nur die actio directa verneint werde.
50) Ulp. fr. 11. § 10. ad leg. Aquil. (9, 2).
51) Paul. fr. 12. ad leg. Aquil. (9, 2); Ulp. fr. 17. § 3. de usufr. (7, 1). und Paul. fr. 66. eod.
52) fr. 15. § 45. de injur. (47, 10).
53) fr. 15. § 47. eod. Dazu Paul. in fr. 66. de usufr. (7, 1).

seyn; aber Ulpian fährt fort, indem er den servus fructuarius mit dem bona fide serviens vergleicht und so unterscheidet:

ut totiens admittamus injuriarum actionem, quotiens in meam contumeliam injuria ei (dem Sklaven) facta sit; nam ipsius quidem servi nomine, domino dabimus injuriarum actionem; si autem me (den Usufructuar) tangat et pulset, injuriarum mihi quoque est [54]).

Bei einer dem Sklaven zugefügten Beleidigung ist also zu unterscheiden, in cujus contumeliam dieselbe zugefügt wurde: ob sie nur auf den Sklaven persönlich [55]) oder auf den Proprietar oder auf den Usufructuar gemünzt war. In den ersten zwei Fällen steht dem Proprietar, im dritten Fall aber dem Usufructuar die Injurienklage zu. Auch hier stellt sich eine gewisse Superiorität des Proprietars heraus [56]).

VI. Endlich, wenn der Sklave nicht Objekt, sondern Subjekt des Delicts ist, für welches der Gewalthaber eintreten muss, hat dann der Usufructuar, als der Verletzte, die Noxalklage gegen den Proprietar? Allerdings [57]); z. B. wenn der servus fructuarius den Usufructuar bestohlen hat.

Is, qui usumfructum in servo habet, perinde cum domino habet actionem furti, atque si quilibet alius esset. Sed cum eo non est, quamvis serviat ei. Et ideo dominus damnatus fructuario noxae dedens liberabitur [58]).

---

54) fr. 15. § 48. eod.
55) Für diesen Fall gilt besonders, was Ulpian in fr. 15. § 38. eod. sagt: ut non omnis omnino, qui verberavit, sed qui adversus bonos mores verberavit, teneatur; ceterum si quis corrigendi animo aut emendandi, non tenetur.
56) Vergl. oben sub III. 1—4.
57) Vergl. Elvers Servitutenlehre S. 68.
58) fr. 18. de nox. act. (9. 4); fr. 19. § 1. eod. Vergl. fr. 43. § 12 de furt. (47, 2) und Elvers l. c. S. 68. Anm. e.

Selbstverständlich geht dann durch Confusion der Ususfruct im Eigenthum des bisherigen Usufructuars auf[59]).

Wenn im Fall der Verletzung eines Dritten durch den Sklaven dieser vom Proprietar dem Verletzten noxae causa überlassen wird, so bleibt der Ususfruct intact, quoniam noxae deditio jure non peremit usumfructum: allein der Usufructuar kann sein Recht fernerhin nur geltend machen, wofern er dem Verletzten die litis aestimatio anbietet[60]).

Der Usufructuar kann auch die Injurienklage als Noxalklage gegen den Proprietar anstellen.

Si servus, in quo ususfructus meus est, injuriam mihi fecerit: adversus dominum noxali judicio experiri potero: neque debeo deterioris conditionis ob hoc esse, quod usumfructum in eo habeo, quam si non haberem. Aliter atque si servus communis esset: tunc enim non daremus socio actionem, ea propter, quia et ipse injuriarum tenetur[61]). Gleiches gilt von der actio de servo corrupto, wenn der servus fructuarius einen eignen Sklaven des Nutzniessers corrumpirt hat.[62])

§ 9.

II. Die Haftung des Niessbrauchers.

I. Für die Frage der Haftung des Usufructuars aus Rechtsgeschäften des Sklaven stellt Pomponius die Regel auf, dass dafür das Erwerbsrecht des Usufructuars maassgebend sei.

Ex ea causa, ex qua soleret servus fructuarius vel usuarius adquirere, in eum, cujus ususfructus vel usus sit, actio

---

59) fr. 27. qu. mod. ususfr. (7. 4).
60) Ulp. fr. 17. § 2. de ususfr. (7, 1) Vergl. unten § 9. II.
61) Ulp. fr. 17. § 9. de injur. (47, 10).
62) Paul. fr. 14. § 3. de servo corr. (11, 3).

dumtaxat de peculio ceteraeque honorariae dantur, ex reliquis in dominum proprietatis.[1])
Auch hier also kommt es darauf an, ob opera servi oder res fructuarii vorliegt. Solchenfalls haftet der Usufructuar nach den Grundsätzen der actiones adjecticiae qualitatis. Hat also der Sklave vom Usufructuar ein Peculium oder Auftrag, sei es als Geschäftsführer oder im Einzelnen, so ist der Usufructuar der actio de peculio, bez. tributoria, oder institoria, exercitoria oder quod jussu ausgesetzt: in den ersten zwei Fällen liegt res usufructuarii, in den anderen opera servi vor.

In Bezug auf die actio de peculio ist Folgendes hinzuzufügen:

1) Wenn der Usufructuar de peculio in Anspruch genommen wird, darf er nur, was vom Sklaven ihm selbst geschuldet wird, in Abzug bringen, nicht das was dem Proprietar geschuldet wird, und umgekehrt, denn Usufructuar und Proprietar sind nicht socii, deren jeder ohne Weiteres in solidum belangt werden kann[2]).

2) Wenn der Sklave sowohl vom Proprietar, als auch vom Usufructuar ein Peculium hat, so haftet jeder bis zum Gesammtbetrag des Doppelpeculium, weil, wie Marcellus sagt, is, qui contrahit, totum servi peculium, velut patrimonium, intuetur[3]): eine Anschauung, welche auch sonst von den römischen Juristen geltend gemacht[4]) und von Gaius im Fall von condomini so gerechtfertigt wird:

Si quis cum servo duorum pluriumve contraxerit, permittendum est ei, cum quo velit dominorum in solidum

---

1) fr. 2. de pecul. (15, 1).
2) Ulp. fr. 11. § 9. und fr. 13. eod. Dasselbe was vom Usufructuar, gilt auch vom bonae fidei possessor.
3) fr. 19. § 1. eod. Ein Widerspruch mit Pomponius, den hier Goeschen Diss. p. 26 annimmt, liegt nicht vor.
4) fr. 27. § 8; fr. 32. pr. eod.

experiri. Est enim iniquum, in plures adversarios distringi eum, qui cum uno contraxerit; nec hujus duntaxat peculii ratio haberi debet, quod apud eum, cum quo agitur, is servus haberet, sed et ejus, quod apud alterum⁵).

Marcellus fügt, unter Uebereinstimmung mit Julian⁶), nur die Beschränkung hinzu, dass immer zuerst der, ad quem res respicit, zu belangen sei, und der andere (z. B. der Usufructuar) nur für das superfluum hafte⁷): welche Meinung von Papinian und Ulpian gebilligt wird⁸).

Demgemäss kann auch der Usufructuar selbst in die Lage kommen, den Proprietar mit der actio de peculio zu belangen: wenn der Sklave nämlich von Diesem ein Peculium, vom Usufructuar selbst aber kein oder kein ausreichendes Peculium hat⁹); andernfalls haftet der Proprietar nicht¹⁰).

3) Die gegen den Usufructuar begründete actio de peculio findet nach Untergang des Usufructs noch als actio annalis Statt, wie Pomponius annahm und Ulpian bestätigt¹¹).

II. Wegen eines vom servus fructuarius begangenen furtum haftet nur der Proprietar, nicht der Usufructuar¹²); der Letztere kann zunächst nur wegen eines von ihm selbst verschuldeten furtum in Anspruch genommen werden¹³). Das ist selbstverständlich auf alle Noxalfälle auszu-

---

5) fr. 27. § 8. cit.
6) fr. 37. § 3. eod.
7) Das erinnert an den Art. 122 des Handl.-Ges.-Buchs.
8) fr. 19. § 1. cit. Bei condomini wird hier dem einen gegen den anderen mit der actio communi dividundo oder pro socio geholfen: fr. 19. § 2; fr. 27. § 8. eod.
9) fr. 19. § 2. cit.
10) fr. 118. pr. de V. O. (45, 1).
11) fr. 1. § 9. quando de pec. actio annal. (15, 2).
12) fr. 18. de nox. act. (9, 4). Vergl. oben § 8. Anm. 29.
13) fr. 46. § 6. de furtis (47, 2).

dehnen: der Usufructuar kann nicht vom Verletzten in Anspruch genommen werden[14]). Allein es ist Folgendes zu bemerken.

1) Mittelbar hat er doch an der Last der Noxalhaftung mitzutragen insofern, als der Verletzte die noxae deditio eines mit Ususfruct behafteten Sklaven, als eine unvollständige, ungenügende noxae deditio, nicht anzunehmen braucht[15]), und dann der Proprietar den Usufructuar nöthigen kann, entweder zur Entschädigungssumme pro aestimatione ususfructus beizutragen oder sich des Ususfructs unentgeltlich zu begeben[16]). Es ist wohl im Sinne einer Ausgleichung gedacht, wenn Paulus hinzufügt, dass, falls der Proprietar die defensio nicht übernehmen wolle, der Usufructuar dies an seiner Stelle thun dürfe[17]), und dass dann der Proprietar den Ausgang des Processes anzuerkennen habe[18]).

Wenn der Proprietar mit jenem Anspruch gegen den Usufructuar auftritt, so hat Dieser die Wahl zwischen (antheiliger) Entschädigung oder Verzicht auf den Ususfruct[19]).

2) Wenn aber der Verletzte die noxae deditio Seiten des Proprietars angenommen hat, so kann der Usufructuar sein Niessbrauchsrecht nur geltend machen, wenn er ihm Entschädigung anbietet[20]).

3) Uebrigens kann der Verletzte auch in der Art

---

14) Elvers, Servitutenlehre S. 515. Anm. gg. Ueber den bonae fidei possessor s. Goeschen Diss. p. 33.
15) Elvers l. c. S. 77. 514. Vergl. fr. 4. § 8. de re jud. (42, 1) und fr. 69. de sol. (46, 3).
16) Paul. fr. 17. § 1. de nox. act. (9, 4). Elvers l. c. S. 78. 515.
17) Ueber die Frage, ob hier der defraudirende Usufructuar frei von der cautio judicatum solvi sei, s. Schlesinger Zeitschr. f. Rechtsgesch. VIII. (1869) S. 218—226 (nein).
18) fr. 17. § 1. cit. i. f. Elvers S. 521.
19) Elvers S. 518. 523.
20) fr. 17. § 2. de usufr. (7, 1).

gegen den Usufructuar selbst vorgehen, dass er ihn zur Uebernahme der defensio servi auffordert; in diesem Falle versagt der Prätor, falls der Usufructuar sich weigert, diesem fernerhin die persecutio usufructus[21]).

§ 10.
III. Die Coercitionsbefugniss des Niessbrauchers.

I. Wir haben gesehen, dass der Niessbraucher die actio servi corrupti hat, denn interesse fructuarii videtur, bonae frugi servum esse, in quo usumfructum habet[1]). Diese Klage greift sehr weit und bezweckt gar nicht bloss den Schutz eines unmittelbaren Geldinteresses des Herrn, denn dieser hat allgemeines Interesse an der Sittlichkeit und Gesinnungsart seines Sklaven, der eben ein Mensch ist und vielleicht im täglichen, häuslichen Verkehr mit dem Herrn und der Familie desselben steht. Ulpian führt das in Beispielen aus[2]):

> Sed utrum ita demum tenetur, si bonae frugi servum perpulit ad delinquendum, an vero et si malum hortatus est, vel malo monstravit, quemadmodum faceret? Et est verius, etiam si malo monstravit, in quem modum delinqueret, teneri eum .... Is quoque deteriorem facit, qui servo persuadet, ut injuriam faceret vel furtum, vel fugeret, vel alienum servum ut sollicitaret, vel ut peculium intricaret, aut amator existeret, vel erro, vel malis artibus esset deditus, vel in spectaculis nimius vel sedi-

---

[21] Gai. fr. 27. pr. de nox. act. Dazu Elvers Servitutenlehre S. 513. Schlesinger Zeitschr. f. Rechtsgesch. a. a. O. S. 215, 216.
[1] Ulp. fr. 9. § 1. de servo corr. (11, 3). Vergl. oben § 8. V. 2.
[2] fr. 1. § 4. 5. eod.

tiosus, vel si actori suasit verbis sive pretio, ut rationes dominicas intercideret, adulteraret, vel etiam ut rationem sibi commissam turbaret.
und Paulus fügt hinzu [3]):
vel luxuriosum vel contumacem fecit, quive ut stuprum pateretur, persuadet.

Solche Beispiele, offenbar aus dem Leben, erinnern uns an die vielen Möglichkeiten und Gelegenheiten, welche ein in häuslicher Gemeinschaft und dienstlicher Vertrauensstellung lebender Sklave hatte, seinen Herrn in Verlegenheiten und Unannehmlichkeiten zu verwickeln und ihm lästig, ja unerträglich zu werden.

Nun war aber der Usufructuar in dieser Hinsicht genau in der gleichen Lage, wie ein besitzender Eigenthümer; er hatte, wie dieser, die Detention des Sklaven, der Sklave kam in seine custodia, also in tausendfältige Berührung mit ihm; eben darum musste diesem die actio servi corrupti im vollen Umfange eingeräumt werden, nach dem Vorgange des dominus. Es war aber damit anerkannt, dass der Usufructuar nicht bloss ein Niessbrauchsrecht im gewöhnlichen Sinn habe, sondern dass ihm ein häusliches Gewaltrecht nach Art der potestas domini zustehe.

II. Die Römer zogen daraus die volle Konsequenz und ventilirten namentlich die Frage des Züchtigungsrechts. Ulpian knüpft sie an den Rechtserwerb durch operae servi an: weil der Arbeitsertrag dem Niessbraucher gebühre, so müsse dieser auch in der Lage seyn, den (trägen, widerwilligen, leichtsinnigen) Sklaven (zur Thätigkeit und Sorgfalt) zu nöthigen. Er beruft sich dafür auf ein Responsum des Sabinus und eine Schrift des Cassius Longinus, mit

---

[3]) fr. 2. cod.

dem Hinzufügen, dass nur eine modica castigatio zulässig, weder Tortur noch Peitschenhiebe gestattet seien[4].

Aus dem jus castigandi folgt, dass im Fall der Ausübung desselben (innerhalb der angegebenen Grenzen) von einer Injurienklage gegen den Usufructuar nicht die Rede seyn kann. Wenn ein condominus oder der Proprietar von seinem jus verberandi Gebrauch gemacht hat, steht dem andern condominus oder dem Usufructuar kein Recht auf Injurienklage zu: ebensowenig dem Proprietar, wenn der Usufructuar geschlagen hat[5]. Nur im Fall übermässiger Züchtigungsweise gilt der Sklave als injuriirt, und findet der Satz Anwendung: injuria servo facta ad dominum redundat[6].

III. Wenn man diese Coercitionsgewalt des Usufructuars ins Auge fasst, wird man auf ihn auch den vom Eigenthümer geltenden Satz anwenden: si jussu domini servus injuriam fecerit, utique dominus conveniri poterit etiam suo nomine[7]. Der Sklave steht unter der Autorität des Eigenthümers, ebenso unter der des Usufructuars: Missbrauch dieser Autorität verpflichtet also jenen wie diesen selbständig, und noxae deditio bleibt hier ausgeschlossen.

IV. Eine besondere Frage ist, ob neben dem Usufructuar auch der Proprietar Züchtigungsrecht behält. Dass diese Frage zu bejahen ist, ergibt sich aus dem oben (sub II) Bemerkten[8].

---

4) fr. 23. § 1 de usufr. (7, 1). Vergl. auch das lanam facere jure cogere des Sabinus in fr. 12. § 6. de usu (7, 8).
5) fr. 15. § 36. 37. de injur. (47. 10).
6) fr. 15. § 45. eod.
7) fr. 17. § 7. eod.
8) fr. 15. § 37. eod. Aristo hat sogar betont, dass der Proprietar plenissimam coërcitionem habe: fr. 17. § 1. de usufr. (7, 1).

§ 11.

IV. Die Unterscheidung des servus fructuarius vom servus usuarius und pigneratus, sowie von den operae servi legatae.

I. Wir haben ein Bild von dem servus fructuarius in seinen Hauptzügen gewonnen und wollen dasselbe nun gegen verwandte Rechtsgebilde abgrenzen.

Mit dem servus fructuarius finden wir den **servus usuarius** nicht selten zusammen genannt. Ohne genauere Einsicht könnte gefragt werden, ob hier etwa so, wie beim ususfructus pecuniae, kein Unterschied zwischen ususfructus und usus sei[1]. Indess belehrt uns schon der Umstand, dass der servus fructuarius und usuarius, wo sie neben einander genannt werden, nicht mit sive, sondern mit vel verbunden sind, über die Getrenntheit der Begriffe, und mehrfach gehen die römischen Juristen ausdrücklich auf die Verschiedenheit ein, so dass kein Zweifel darüber obwaltet: der servus usuarius ist eine Gestalt für sich und steht selbständig neben dem servus fructuarius, gleichwie der usus neben dem ususfructus. Diese Unterscheidung liegt auch in den Institutionen Justinians vor[2].

Der Machtbereich des Usuars erstreckt sich nicht soweit, wie der des Usufructuars: er hat Anspruch auf den persönlichen Gebrauch, nicht aber auf den Fruchtertrag[3]. Was aber gehört unter den ersteren? Ulpian betrachtet das ge-

---

1) s. fr. 5. § 2; fr. 10. § 1. de usufr. ear. rer. (7, 5). Vergl. auch fr. 7. § 1. usufructuar. quemadmodum (7, 9). In fr. 32. de stip. serv. (45, 3) ist usuarius wohl missbräuchlich statt usufructuarius gesagt.

2) § 2. J. de usufr. (2, 4) und § 3. J. de usu (2, 5).

3) § 3. J. de usu et hab. (2, 5).

nau, indem er zuerst von den eigentlichen operae, dann von den Rechtshandlungen des Sklaven handelt.

1) Ueber die operae sagt er:

Operas autem servi usuarii non locabit, neque alii utendo concedet: et ita Labeo. Quemadmodum enim concedere alii operas poterit, cum ipse uti debeat? Idem tamen Labeo putat, si fundum conduxerit quis, usuarium servum posse ibi operari. Quid enim interest, in qua re opera ejus utatur? Quare et si lanam conduxerit usuarius expediendam, poterit etiam per usuarias ancillas operas perficere. Idemque si vestimenta texenda redemerit, vel insulam vel navem fabricandam, poterit ad haec operis uti usuarii (usuarius); nec offendetur illa Sabini sententia, ancillae usu dato ad lanificium eam non mitti, nec ex operis mercedem capi, sed sibi lanam facere jure cogere: sibi enim facere videtur, qui non operas ejus locavit, sed opus, quod conduxit, expediit. Idem et Octavenus probat [1]).

Die hier von Ulpian vertretenen Grundsätze sind also die von jeher bei den Römern angenommenen, und sie entsprechen durchaus den allgemeinen Usus-Grundsätzen. Der Usuar hat den Gebrauch für sich, darf ihn aber nicht Anderen überlassen; wenn er den Sklaven zur Bewirthschaftung eines erpachteten Grundstücks oder bei der Ausführung eines übernommenen Werkes (opus conductum) verwendet, so ist indirekt dabei freilich auch das Interesse des Verpachters oder Bestellers, also eines Dritten, betheiligt, allein der verwendete Sklave steht doch eben nur in des Usuars Dienst und arbeitet in dessen Interesse und Auftrag. Gegen Lohn an Andere vermiethen aber darf der Usuar nicht.

Etwas Anderes ist die Frage, ob der Usuar dem Sklaven

---

[1]) fr. 12. § 6. de usu (7, 3). Dazu Donellus Comment. X, 25. § 24.

selbst die Arbeit (opera) gegen Bezahlung vermiethen, d. h. überlassen, m. a. W. ihn freigeben und seiner Dienste entbinden kann: Diese Frage ist schon von Labeo bejaht worden [5]). Solchenfalls leistet der Sklave die merces aus dem vom Proprietar herrührenden Peculium und kann nun die freigegebene Arbeit zum Besten des Proprietars verwerthen.

2) Ulpian geht dann zu den Rechtshandlungen über: Per servum usuarium si stipuler vel per traditionem accipiam, an adquiram, quaeritur, si ex re mea vel ex operis ejus? Et siquidem ex operis ejus, non valebit, quoniam nec locare operas ejus possumus. Sed si ex re mea, dicimus, servum usuarium stipulantem vel per traditionem accipientem mihi adquirere, cum hac opera ejus utar [6]).

Es ist dieselbe Unterscheidung der Erwerbsfälle, welche wir oben betrachtet haben [7]); aber hier zeigt sich wieder die Beschränktheit des usus: nur das ex re mea, nicht das operis servi adquisitum fällt mir kraft des usus servi zu [8]), denn der Ertrag der operae hat Fruchtnatur — ähnlich der merces —, Erwerb durch Rechtsgeschäfte gehört zu solchem Ertrag und gebührt folglich dem Eigenthümer bez. dem concurrirenden Fructuar. Marcellus aber nimmt den Fall aus, da der Sklave im Auftrag des Usuars handelt, sei es als institor in dessen taberna, oder auf Grund Einzelauftrags (jussu usuarii), denn hier liege Gebrauch im engeren Sinn vor [9]).

Die Linie ist fein, aber es hat etwas für sich, zu sagen, dass, wenn der Sklave im Auftrag handelt, er eben nur in Ausführung des Willens des Usuars handelt, folg-

---

5) fr. 13. eod.
6) fr. 14. pr. eod.
7) s. oben § 7. III. 1. 2.
8) Dies übersieht Hoffmann Lehre v. d. Servituten I. S. 190.
9) fr. 20. eod.

lich ein Werkzeug in dessen Hand ist und von ihm „gebraucht" wird. Ohne solchen Auftrag könnte nicht von „Gebrauch" gesprochen werden: was also der Sklave aus eignem Antrieb erwirbt, das fällt dem Proprietar zu.

Wenn dem Sklaven etwas vom Usuar geschenkt wird[10], oder der Sklave mit dem Gelde des Usuars Geschäfte treibt, so fällt der dadurch erzielte Erwerb in das Peculium des Usuars[11]).

Der Usuar kann durch den Gebrauch den Sklaven so in Anspruch nehmen, dass demselben keine Zeit übrig bleibt, durch seine Arbeit (opera) dem Proprietar oder dem Fructuar daneben Gewinn zu verschaffen[12]). Dieser Satz tritt namentlich dann bedeutsam hervor, wenn neben der Proprietät und dem Usus das Recht des Fruchtgenusses als getrenntes Recht besteht[13]), was auch beim Sklaven vorkommen kann.

In Bezug auf den Erwerb ex re usuarii also steht der Usuar dem Fructuar gleich[14]); selbstverständlich stehen sie auch gleich in Bezug auf das ex re domini Erworbene: dieses fällt immer dem Eigenthümer zu, und eine Stipulation ex re domini zugunsten des Usuars oder Fructuars ist ungültig[15]).

II. Mit dem servus fructuarius und usuarius findet sich auch der servus pigneratus zusammengestellt, so bei

---

10) Vergl. fr. 37. § 1. de adq. dom. (41, 1).
11) Pomp. fr. 16. § 2. de usu (7, 8).
12) Paul. fr. 15. pr. eod.
13) Ulp. fr. 14. § 3. eod.
14) Ebenso steht der Usuar dem Usufructuar gleich in Betreff der actio furti wegen subreptio servi (fr. 46. § 3. de furt. 47, 2) und in Betreff der actiones adjecticiae qualitatis gegen ihn innerhalb seines Erwerbsbereichs (fr. 2. de pecul. 15, 1).
15) fr. 22. 23. de stip. serv. (45, 3). Vergl. oben § 8. III. 2.

Celsus in fr. 69 de solut. (46, 3), Gaius in fr. 27 pr. de nox. act. (9, 4)[16]) und Ulpian in fr. 46. § 1—4. de furtis (47, 2). Letzterer bemerkt dazu, dass auch dem Pfandgläubiger, welchem der Sklave verpfändet ist, im Fall der subreptio servi die actio furti zustehe; hier kommt es ja nicht auf die rechtliche Natur des Verhältnisses, sondern lediglich auf das thatsächliche Interesse an. Es kann geschehen, dass aus einem solchen Delict dem Thäter vier actiones furti drohen: die des Proprietars, des Usuars, des Fructuars[17]) und des Pfandgläubigers[18]).

Uebrigens ist das Verhältniss des Pfandgläubigers ein wesentlich anderes, als das des Usufructuars und Usuars. Der Pfandgläubiger hat zwar possessio des ihm übergebenen Sklaven, aber nicht das Recht, durch ihn Besitz oder sonst ein Recht zu erwerben[19]). Ebensowenig kann während Bestehens des Faustpfandverhältnisses der Pfandschuldner durch den verpfändeten Sklaven Besitz erwerben, denn, sagt Julian, der Pfandschuldner besitzt den Sklaven jetzt lediglich ad usucapionem[20]). Demgemäss kann auch die actio ad exhibendum gegen den Pfandgläubiger, nicht gegen den Pfandschuldner gerichtet werden[21]).

Anderseits ist freilich bei Interpretation letzter Willen festzuhalten, dass ein verpfändeter Sklave nicht in das Vermögen des Pfandgläubigers übergegangen ist und nicht aufgehört hat, im Vermögen des Pfandeigenthümers zu seyn:

---

16) Vergl. Schlesinger Zeitschr. f. Rechtsgesch. VIII. (1869) S. 216. Anm. 24.
17) Denn es können, wie wir oben sub I. sahen, fructus und usus getrennt begründet werden.
18) fr. 46. § 5. de furt. (47, 2).
19) Julian fr. 37 pr. de acq. dom. (41, 1). Ueber den Fall der antichresis in dieser Anwendung schweigen die Quellen, soweit ich sehe.
20) fr. 1. § 15. de adq. poss. (41, 2).
21) Javol. fr. 16. de usurp. (41, 3).

daher ist anzunehmen, dass der Testator unter den „sui servi" auch den verpfändeten Sklaven mitbegriffen hat[22]).

III. Wie neben dem usus aedium eine habitatio, so steht neben dem usus eine operae servi (legatae) genannte Servitut: zwei abnorme, in eigenthümlicher Weise begünstigte, oft wohl dem Zwecke einer persönlichen Versorgung dienende Personalservituten[23]), welche bereits in der Zeit der Republik beliebte Rechtsinstitute waren und auch die spätere Jurisprudenz beschäftigt haben.

Der besondere Lebenszweck der operae servi zeigte sich darin, dass diese Servitut nicht durch capitis deminutio oder nonusus oder Tod des Berechtigten unterging, dass sie auf den Erben des Berechtigten sich fortpflanzte[24]) und nur durch den Tod oder die Usucapion des Sklaven erlosch[25]). Dies der Unterschied vom usus servi, welchem die operae servi sonst, was den Inhalt des Rechts anlangt, ganz nahe kommen. Vom ususfructus servi unterscheiden sich die operae servi in Ansehung des Inhalts des Rechts dadurch, dass sie auf die Dienste und den Nutzen aus Diensten beschränkt sind, aller sonstige Erwerb also dem Proprietar zukommt[26]). Enger also als der Ususfruct, sind doch die operae servi weiter als der usus servi, denn dieser gestattet nicht den Gewinn des Dienstlohns, während der ex operis servorum Berechtigte auch den Sklaven vermiethen und die merces in Anspruch nehmen kann[27]).

---

22) Ulp. fr. 73. § 2. de legat. III.

23) Accursius (ad fr. 32. de usufructu ad verb. quod personae) und Hugo (Rechtsgesch. S. 508. Anm. 5.) stellen über den Charakter der operae servorum eigenthümliche Ansichten auf.

24) Eigenthümliche Ansichten hierüber entwickeln v. Buchholz Versuche No. 16. und Luden, Lehre v. d. Servituten § 46. 47. Vergl. auch Elvers Servitutenlehre S. 640.

25) fr. 2. de op. serv. (7, 7); fr. 2. de usu per leg. dat. (33, 2).

26) Glück Comment. Thl. IX. S. 428. Schilling Institut. II. § 196.

27) fr. 3. de op. serv. (7, 7); fr. 2. de usu per leg. dat. (33, 2).

III. Abschnitt.

Einzelnes.

§ 12.

I. Ususfructus plurium in servo.

I. Bekanntlich stand bei den Römern nicht selten ein Sklave im Miteigenthum Mehrerer; ebenso konnten sich Mehrere in den ususfructus servi theilen als conusufructuarii. Solche nahmen dann auch an der potestas über den Sklaven Theil und konnten durch denselben nach den Grundsätzen des Niessbrauchs erwerben.

Wenn der servus fructuarius stipulirt, so ist zu unterscheiden:

1) Er hat ex re alterius fructuarii und zwar auf eignen Antrieb und ohne persönliche Bestimmung stipulirt: dann erwirbt dieser Niessbraucher pro parte, d. h. nach Verhältniss seines Niessbrauchsantheils, während der andere Theil dem Proprietar (nicht etwa dem Conusufructuar) zufällt [1]).

2) Er hat ex re alterius und zwar diesem Niessbraucher auf dessen Befehl (jussu ejus) oder ihm mit namentlicher Bezeichnung (nominatim) stipulirt: dann erwirbt dieser Niessbraucher das Ganze [2])

---

1) So scheinbar Ulpian unter Berufung auf Scaevola in fr. 25 § 6. de usufr. (7, 1). Vergl. unten sub III.
2) fr. 25. § 6. cit.; fr. 33. § 1. de stip. serv. (45, 3).

3) Er hat ex ea re, quae ad utrosque pertinet, einem der Niessbraucher nominatim stipulirt: dann erwirbt zwar dieser Niessbraucher auch das Ganze, aber der andere Niessbraucher kann gegen ihn mit dem judicium communi dividundo utile[3]) auf Herausgabe seines Antheils (nach Verhältniss seines Antheils an der res ad utrosque pertinens) klagen[4]).

4) Er hat ex operis suis zugunsten des einen der Niessbraucher stipulirt: dann hat jeder der Niessbraucher nach Verhältniss seines Niessbrauchsantheils Anspruch auf den Erwerb[5]).

II. Wir haben gesehen, dass auch ein fructuarius servi nach den Grundsätzen der actio de peculio haften kann[6]). Sind mehrere Niessbraucher, und jeder hat bei dem servus fructuarius ein Peculium: so wird dieses als ein Ganzes angesehen, so dass der dritte Contrahent den einzelnen Niessbraucher auf das Ganze verklagen kann, aber 1) die Verurtheilung erfolgt nur bis zum Belang des Peculium des Beklagten, und 2) der Rest kann noch gegen den anderen Niessbraucher peculiotenus geltend gemacht werden[7]).

III. Für den Satz, welcher oben sub. I. 1. aufgestellt wurde, ist zunächst nur die eine der einschlagenden Stellen, fr. 25. § 6. de usufructu, angeführt worden. In dieser citirt

---

3) Vergl. Ulp. fr. 15. de pecul. (15, 1): fructuarii nullam inter se habent societatem. Nur utiliter also war hier der Theilungsanspruch statthaft; aber diese Statthaftigkeit hatte schon Julian aus Gründen der Billigkeit ausgesprochen: fr. 13. § 3. de usufr. (7, 1). Noch Sabinus hatte gezweifelt: fr. 32. de stip. serv. (45, 3).

4) Paul. fr. 32. de stip. serv. (45, 3). Vergl. dazu fr. 28. § 1. eod. Hotmanus (Observ. 5, 3) will das fr. 32. cit. unnöthiger Weise emendiren; s. dagegen Noodt de usufr. 1, 16.

5) Nerat. fr. 24. eod. Denn et operae quodammodo ex re ejus, cui servit, habentur, sagt Ulpian in fr. 23. pr. de adq. dom. (41, 1).

6) s. oben § 9.

7) Ulp. fr. 32. pr. de pecul. (15, 1).

Ulpian den liber secundus Quaestionum des Scaevola, und man hat dies als ausgesprochene eigne Meinung des Scaevola und Ulpian aufgefasst[8]). Indess Scaevola sagt da nach Ulpians Angabe nur: vulgo creditum rationemque hoc facere, d. h. eine gewöhnliche (verbreitete) Meinung verweise auf die Concurrenz mehrer bonae fidei possessores und nehme demgemäss Erwerb pro parte auf Grund einer simplex stipulatio an, (d. h. wenn nicht jussu alterius oder nominatim contrahirt worden war)[9]). Schon in den nachher folgenden Worten (nec dubitare debere) deutet nun Ulpian die Zweifelhaftigkeit jener gewöhnlichen Meinung an, aber noch deutlicher spricht Ulpian, und zwar wieder unter Berufung auf eine (andere) Stelle der Scaevola (in inferioribus), an anderem Orte, nämlich in fr. 23. § 3. de adquir. dom. (41,1) sich dahin aus, ut, quamvis non nominatim nec jussu meo, e re tamen mea stipulatus sit, mihi soli acquirat. Ulpian verweist dafür noch besonders auf den Fall des servus communis und schliesst mit den Worten: et hoc Julianum quoque[10]) scribere saepe rettuli, eoque jure utimur. Welche Meinung als durchschlagende anzusehen sei, kann hiernach nicht fraglich seyn.

Uebrigens ersehen wir aus fr. 19. de stip. serv. (45,3). dass die spätere Stelle, wo Scaevola sich principiell über obige Frage ausgesprochen hat, in liber XIII. Quaestionum zu suchen ist[11]). Die Stelle bestätigt, dass nicht partiärer, sondern solidarischer Erwerb als die von Justinian recipirte

---

8) So noch Goeschen Diss. p. 49. und Hoffmann d. Lehre v. d. Servit. I. S. 151.
9) Donellus IX, 6. § 36.
10) Vergl. Julian in fr. 37. § 3. de adq. dom. (41, 1): fructuarius servus ex re fructuarii non adquirit proprietario.
11) Vergl. zu dieser Stelle Noodt de usufructu Lib. I. Cap. 16. (Op. omnia I. p. 427).

Meinung anzusehen ist, und wir können an dieser Annahme nicht etwa dadurch beirrt werden, dass fr. 23. §. 3. cit. in einzelnen Stücken angezweifelt und mehrfach durch Conjecturen umzugestalten versucht worden ist[12]).

§ 13.
II. Der servus fructuarius infans und fugitivus.

I. In den Quellen wird mehrmals der Fall erwähnt, das der servus fructuarius noch in der infantia steht. Ein solcher Fall liegt z. B. vor, wenn mit dem ususfructus ancillae ein ususfructus partus (ihres Kindes) vermacht ist[1]). Pomponius bemerkt dazu[2]), ein infans gewähre keinen Nutzen, daher sei hier von Ausübung des Niessbrauchs keine Rede, indess sei das Legat gültig und werde von selbst wirksam, sobald das Kind infantia major wird: dann kann der impubes nützliche Dienste leisten und Erwerbshandlungen zu Gunsten des Niessbrauchers vornehmen. Bis zu diesem Zeitpunkt gilt der junge Sklave nicht als Werthobjekt:

Si minor annis quinque vel debilis servus sit, vel quis alius, cujus nulla opera esse apud dominum potuit, nulla aestimatio fiet[3]).

Ulpian spricht hier zwar speciell von den operae servi legatae, aber das Gesagte ist unbedenklich auf den eigent-

---

12) Cujac. Observ. IV, 1; Ant. Faber Conjectur. IV, 16; Noodt l. c. (p. 428).

1) s. Ulpian in fr. 68. pr. de usufr. (7, 1).

2) in fr. 55. eod. Es ist hier von usus infantis die Rede, indess gilt dasselbe natürlich vom ususfructus servi, und die Compilatoren scheinen in der That gerade hieran gedacht zu haben

3) fr. 6. § 1. de op. serv. (7, 7).

lichen ususfructus servi zu erstrecken, und wenn er das fünfte Lebensjahr nennt, so ist das sicherlich nur beispielsweise genannt und gilt das Gleiche bis zur Vollendung des siebenten Lebensjahres [4]).

An anderer Stelle [5]) hebt Ulpian hervor, dass aus der Nichtbenutzbarkeit des jungen Sklaven dem Eigenthümer oder Niessbraucher kein Rechtsverlust entstehen dürfe; bei ihm sei daher ebensowenig, wie bei einem servus aegrotans oder homo defectae senectutis, von Verlust des Niessbrauchs durch non usus die Rede.

II. Ulpian schliesst an der genannten Stelle vom servus infans auf den **servus fugitivus**. Der servus fugitivus, eine sehr häufige Anomalie im römischen Verkehr, war vielfach eine crux Jurisconsultorum [6]). Pomponius hatte zweifelnd die Frage aufgeworfen, ob, wenn der Sklave auf der Flucht ex re usufructuarii Etwas stipulirt oder tradirt erhalten habe, darin ein Ausübungsakt Seitens des Niessbrauchers gefunden werden könne, so dass die amissio ususfructus non utendo verhütet werde. Er neigte allerdings zur Bejahung, und Ulpian bestätigt diese unter Bezugnahme auf den servus aegrotans und infans [7]).

Auch hier bezeichnete Julian's Theorie einen Fortschritt, und Ulpian beruft sich in folgenden zwei Punkten auf ihn:

1) Der servus fugitivus bleibe trotz non usus während

---

4) Vergl. Ulp. in fr. 12. § 3. de usufr. (7, 1): servo infante, cujus operae nullae sunt. d'Avezan in seinem Liber Servitutum (P. III. Cap. 4) versteht unter Berufung auf Cujacius, welcher in fr. 32. de rei vind. (6, 1) das XXV. in V. ändern will, das fünfte Lebensjahr als entscheidenden Abschnitt, wogegen aber das Wort infans in fr. 12. § 3 cit. spricht.

5) fr. 12. § 3. cit. Ebenso wörtlich Fragm. Vat. § 89.

6) Vergl. Goldschmidt Studien zum Besitzrecht, Sklavenbesitz (1888) S. 30—32. (Festgabe an v. Gneist).

7) Und mit dem Hinzufügen: nam et si agrum aremus, licet tam sterilis sit, ut fructus nullus nascatur, retinemus usumfructum.

der Verjährungszeit im Ususfruct des Niessbrauchers, auch wenn er nicht rechtsgeschäftlich (zugunsten des Niessbrauchers) thätig werde: nam qua ratione retinetur a proprietario possessio, etiamsi in fuga servus sit, pari ratione etiam ususfructus retinetur[8]).

2) Nach Uebergang des servus fugitivus in den Besitz eines Dritten gehe freilich, wie der Besitz dem Proprietar, so auch der Ususfruct dem Niessbraucher durch non usus verloren; allein bis zur Vollendung der Verjährungszeit erwerbe auch hier der Niessbraucher noch durch Stipulationen des Sklaven, ja der non usus werde dadurch noch verhütet, dass der Sklave dem Niessbraucher stipulire:

posse dici, ne quidem si possideatur ab alio, amitti usumfructum, si modo aliquid mihi stipuletur .... sufficere enim ad retinendum usumfructum, esse affectum retinere volentis, et servum nomine fructuarii aliquid facere[9]).

§ 14.
III. Der servus fructuarius sine domino.

1. Ein servus derelictus ist ein servus sine domino; was ein solcher erwirbt, kann nicht dem früheren Herrn zufallen: quia qui pro derelicto rem habet, omnimodo a se rejecit, nec potest ejus operibus uti, quem eo jure ad se pertinere noluit[1]). Welche Wirkung hat aber die vom Herrn bewirkte Dereliction, wenn an dem Sklaven ein Anderer niessbrauchsberechtigt ist? Offenbar gilt für den Derelinquenten

---

8) fr. 12. § 3. cit. i. f. Der Nutzen des römischen Bürgers liegt hier klarer vor, als die Berechtigung der etwas kühnen Schlussfolge.
9) fr. 12. § 4. de usufr. (7, 1).
1) Javol. fr. 36. de stip. serv. (45, 3).

selbst auch hier das oben Gesagte, aber der Ususfruct bleibt unberührt²), und es folgt daraus das abnorme Verhältniss, dass eine Servitut besteht, wo kein Eigenthum entspricht. Man kann von einem solchen Sklaven sagen, dass er quoad dominium die possessio libertatis hat und nur noch quoad servitutem als Rechtsobjekt behandelt wird. Er ist nicht frei, er ist Niemandes libertus, er gehört noch in den Sklavenstand und ist noch einem Berechtigten, dem Usufructuar, unterthan, nach Maassgabe der Rechtsstellung eines servus fructuarius.

Die Eigenthümlichkeit dieses Zwitterverhältnisses besteht darin, dass an einem Objekt ein **beschränktes Sachenrecht ohne Coexistenz des entsprechend beschränkenden Rechts (Eigenthum)** anerkannt wird. Ich bin nicht der Ansicht, dass die römischen Juristen ursprünglich einen Niessbrauch an einer res derelicta angenommen haben; sie würden den Usufructuar auf die Occupationsmöglichkeit verwiesen und ihm nöthigenfalls einen Anspruch auf Wiederherstellung des Ususfructs gewährt haben, gleichwie im Falle einer inundatio agri, wenn durch neuen impetus aquae der Acker wieder frei wird³). Aber der Sklave als Mensch forderte eine Ausnahmebehandlung und fand solche auch wirklich im Recht der Kaiserzeit vielfach.

Anders Schönemann⁴), welchem § 42 der Vaticanischen Fragmente als ein Beweisgrund für seine Ansicht gilt, dass die Servituten, die er sogar für älter als das Eigenthum

---

2) Fragm. Vatic. § 42: Fructuario superstite, licet dominus proprietatis rebus humanis eximatur, jus utendi fruendi non tollitur. Es ist fraglich, wohin diese Stelle zielt, und ob nicht darin nur gesagt seyn soll, dass der Bestand des Ususfructs von der Person des Niessbrauchers, nicht von der des Eigenthümers (der ihn etwa bestellte) abhängig ist.
3) Javol. fr. 24 qu. mod. ususfr. (7, 4).
4) Die Servituten, S. 16. 18. 42.

hält, begrifflich ohne die Voraussetzung des Eigenthums zu construiren seien. Jene Stelle der Vaticanischen Fragmente drückt sich allerdings allgemein, d. h. ohne Einschränkung auf Sklaven, aus, allein sie klingt in ihrer Allgemeinheit nicht gerade sehr vertrauenswürdig, jedenfalls gibt sie nur über späteres Recht Zeugniss, und wahrscheinlich zielt sie gar nicht auf unsere Frage[5]). Es wäre möglich, dass erst vom Sklaven her unternommen worden sei, den Ususfruct gewissermaassen unabhängig zu machen vom Eigenthum; was in den Quellen über den analogen Fall des servus fructuarius manumissus gesagt ist, zeigt, dass die Sklaven in dieser Richtung — servi sine domino — die römische Jurisprudenz beschäftigten.

II. Ueber diesen analogen Fall sagt Ulpian (1, 19): Servus, in quo alterius est ususfructus, alterius proprietas, a proprietatis domino manumissus liber non fit, sed servus sine domino est.

Dieser Ausspruch lässt Fragen übrig. Bedeutet er, dass der Freilassungsakt in solchem Falle ganz wirkungslos sei? Dem Wortlaut nach könnte es so scheinen. Oder verbirgt sich dahinter die Annahme, dass das Freiwerden nur suspendirt bleibt bis zur Endigung des Ususfructs, so dass die Freiheit dann ipso jure eintritt? Dies würde dem in der Kaiserzeit beliebten favor libertatis entsprechen[6]) und wird von Mommsen angenommen, welcher jenen Worten Ulpians hinzuzufügen vorschlägt: donec manet ususfructus, quo finito Latinus efficitur[7]). Hierauf führt uns das Fragment Dosith. § 11 (13):

Proprietarius eum servum, cujus usus et fructus ad alium

---

5) S. oben Anm. 2.
6) Vergl. z. B. fr. 2. de manumissis vind. (40, 2).
7) S. Ulpiani Fragmenta, ed. Böcking (Lips. 1855) ad 1, 19.

pertinet, non potest ex vindicta manumittere, obstante usu et fructu; et si manumiserit eum ex vindicta, faciet servum sine domino; sed Latinum . . . (finito usufructu?)

Hiermit stimmt überein, was von Ulpian an anderer Stelle[8]) ausgeführt wird: dass, wenn Jemand seinen Sklaven zum Erben eingesetzt und nachher einem Dritten den Ususfruct am Sklaven eingeräumt hat, die Erbeinsetzung zwar bestehen bleibt, aber erst nach Beendigung des Ususfructs wirksam wird: institutio valet, sed differtur in id tempus, quo extinguitur ususfructus. Die Zulässigkeit solchen Hinausschiebens des Freiwerdens bis nach Beendigung des Ususfructs hatte schon Sabinus vertreten, auf welchen sich Julian[9]) beruft.

Bei dieser Auffassung des schwebenden Verhältnisses mochten sich Unzuträglichkeiten herausstellen, und namentlich blieb dabei im Ungewissen, welches das rechtliche Schicksal derjenigen Erwerbungen des Sklaven sei, welche nicht dem Niessbraucher (sondern eigentlich dem Eigenthümer) zukommen. Justinian betont diesen Punkt im Eingange seiner das ganze Verhältniss neu ordnenden Decision v. J. 530, in welcher drei Fälle unterschieden werden[10]).

1) Wenn Proprietar und Usufructuar einig sind über die Freilassung, tritt diese mit voller Wirkung ein[11]).

2) Wenn der Proprietar ohne Zustimmung des Usufructuars freigelassen hat, soll der Freigelassene zu den liberti proprietarii gerechnet, zugleich aber gegenüber dem Usufructuar als Sklave behandelt werden, und wenn er adhuc superstite usufructuario stirbt, in seinen Nachlass die regelmässige Erbfolge eintreten.

---

8) fr. 9. § 20. de her. inst. (28, 5).
9) fr. 35. § 1. de usufr. (7, 1). Eine andere Frage berührt Ulpian in fr. 6. de manumiss. (40, 3).
10) c. 1. communia de manumiss. (7, 15).
11) So schon vorher; s. fr. 2. de manumiss. vindicta (40, 2).

3) **Wenn der Usufructuar auf seine Hand den Sklaven freigegeben hat**, so ist wieder zu unterscheiden, welchem diese Freigebung zugute kommen soll:

a) soll der Proprietar den Vortheil ziehen, so ist zum Besten desselben der Ususfruct erloschen;

b) gilt aber die Gunsterweisung dem Sklaven, so wird dieser ususfructfrei in dem Sinn, dass er während Lebzeiten des Usufructuars Niemandem das zu leisten hat, was eigentlich der Usufructuar beanspruchen könnte. Justinian spricht sich in dieser Hinsicht freilich nur über die Dienstleistungen (ministeria) aus und sagt nichts über das Schicksal desjenigen rechtsgeschäftlichen Erwerbs, welcher sonst dem Usufructuar zufällt. Dem Sklaven kann streng genommen dieser nicht zufallen, da er ja Sklave bleibt; z. B. wenn Jemand dem Sklaven mit Rücksicht auf den Usufructuar etwas geschenkt hat: in solchem Fall wird der Erwerbsakt unwirksam seyn.

Es ist bisher von solchen Fällen die Rede gewesen, wo die Freiwerdung abhängt vom Ususfruct; es kann aber auch umgekehrt der Ususfruct abhängig gemacht werden von der Freilassung: wenn nämlich der Ususfruct Jemandem eingeräumt wird bis zu dem Zeitpunkt der Freilassung: dann, sagt Ulpian, incipiente proprietario manumittere, extinguetur ususfructus[12]).

III. Einen besonderen Rechtsfall construirte sich Q. Cervidius Scaevola[13]) nach der Mittheilung des Paulus[14]): Wenn ein Freier dolo malo zugelassen hat, dass an ihm einem Dritten ein Ususfruct (käuflich) bestellt werde, so wird er zum Sklaven, und der Verkäufer wird, falls er in bona

---

12) fr. 15. qu. mod. ususfr. (7, 4).
13) Vergl. oben § 4. III. Anm. 9.
14) fr. 23. pr. de lib. causa (40, 12).

fide ist, Herr desselben, so dass Ususfruct und Eigenthum zugleich entstehen. Weiss aber der Besteller des Ususfructs, dass der Mensch ein Freier war, so entsteht nur Ususfruct, nicht Eigenthum, und so gibt es auch hier einen servus fructuarius sine domino, der aber finito usufructu seine volle Freiheit zurückerhält. Dies sagt Paulus nicht, aber es muss consequenter Weise angenommen werden.

§ 15.

IV. Acquisitio in pendenti.
(Excurs über die Natur der Bedingung.)

I. In der Hauptstelle über den servus fructuarius behandelt Ulpian[1]) auch eine Frage, welche mehrfach in den Quellen berührt wird[2]) und mir Anlass zu einem Excurs über die Natur der Bedingung gibt. Die Thätigkeit des servus fructuarius kann zu einem Pendenzzustand betreffs der Frage der erwerbenden Person führen: interdum in pendenti est, cui acquirat servus fructuarius proprietario aut usufructuario.

Dieser Punkt bietet insofern ein besonderes Interesse, als wir es hier mit einem Zustand absoluter Unentschiedenheit zu thun haben. Wenn der servus fructuarius eine gekaufte Waare übergeben und den Preis creditirt erhalten hat, oder wenn er sich die Rückzahlung einer Geldsumme, die er noch nicht hingezahlt hat, stipulirt: so bleibt in Schwebe, wer das Eigenthum der Waare oder das Forderungsrecht aus der Stipulation erwirbt — ob der proprietarius oder der usufructuarius servi —, bis die numera-

---

1) fr. 25. de usufr. (7, 1).
2) S. oben § 8. II.

tio pecuniae herausstellt, wessen Mittel in Anspruch genommen werden; numeratio declarabit, cujus sit dominium rei emtae, aut cui sit acquisita stipulatio. Aus wessen Mitteln die Zahlung thatsächlich erfolgt, der erwirbt; das kann der Eigenthümer, das kann der Nutzniesser seyn; einstweilen hat keiner von beiden erworben.

Dieselbe Frage wird von Julian in fr. 12. § 5. i. f. de usufr. berührt, unter Hinweis auf einen gleichartigen Schwebefall, den Erwerb des foetus, qui ad supplendam gregem summittitur. Wer erwirbt im Falle eines ususfructus gregis das Eigenthum am Nachwuchs der Heerde? Der Nutzniesser hat den Bestand der Heerde aus dem Nachwuchs zu ergänzen und erwirbt den übrigen Nachwuchs als Frucht; er muss also die einzustellenden Stücke bestimmen, und bis dahin pendet dominium, ut si summittantur, sint proprietarii, si non summittantur, fructuarii: wie Julian in seinen Digesten es ausdrückt[3]).

Noch ein dritter Fall kann in den Zusammenhang dieser Betrachtung gestellt werden; er wird von Gaius (2, 200) erwähnt. Die Proculianer nahmen bei einem aufschiebend-bedingten Vindications-Legat an, dass während schwebender Bedingung weder der Erbe noch der Legatar Eigenthümer der (legirten) Sache sei.

Das sind Zustände absoluter Unentschiedenheit[4]).

II. Den Fall des servus fructuarius anlangend, so kann die Frage aufgeworfen werden, ob die Veräusserung der Waare, ob die obligatio ex stipulatu ganz und gar in pendenti ist[5]), oder ob der Rechtsakt sofort in der Person des

---

3) fr. 70. § 1. de usufr.
4) Vergl. auch fr. 26. § 13. de cond. ind. (12, 6) und fr. 2. § 1. de V. O. (45, 1). Dazu v. Savigny Obl. R. I, S. 391 und Windscheid II. § 255. A. 7.
5) d. h. so, dass auch auf Seiten des Veräussernden oder Versprechenden die Rechtswirkung als schwebend gilt.

Sklaven Wurzel schlägt und das gewollte Rechtsverhältniss da ein latentes Rechtsdaseyn führt, um mit der Entscheidung in der Person des Eigenthümers oder des Nutzniessers des Sklaven zum eigentlichen und vollen Leben zu erwachen. Die letztere Anschauung wird vielleicht Manchem als die künstlichere erscheinen, dennoch möchte ich nicht behaupten, dass sie der Art römischer Anschauung widerspräche; sie entspricht vielleicht nicht der früheren Rechtstheorie von der Persönlichkeit des Sklaven, um somehr aber derjenigen des Ulpian [6]). Wir können indess diese zarte Frage hier ganz bei Seite lassen.

III. Kommen wir nun von jenen Fällen absoluter Unentschiedenheit zu der Bedingung, die ja der wichtigste aller Pendenzfälle ist, so können wir einen Gesichtspunkt gewinnen, welcher vielleicht für die Verständigung über die Natur der Bedingung zu verwerthen ist. Die Bedingung, wie sie uns in der Zeit der classischen Jurisprudenz vorliegt, ist kein einfaches Gebilde, woraus sich die einschneidenden Streitfragen unserer Doctrin erklären; zu deren Lösung könnte es beitragen, wenn wir die Möglichkeit einer geschichtlichen Entwicklung ins Auge fassen. Allein die Geschichte der Bedingung liegt zum Theil hinter aller Geschichte, d. h. es fehlt an Quellenmaterial über die früheste Zeit, und zum Theil liegt, was die spätere Zeit anlangt, in den vorhandenen Quellen die geschichtliche Bewegung der Bedingung ziemlich verdeckt und versteckt. Knüpfen wir also an dem an, was ich oben einen Zustand absoluter Unentschiedenheit genannt habe.

Auch die Bedingung begreift einen Zustand der Unentschiedenheit. Bildet das gerade ihr Wesen, — wie nicht bezweifelt wird, — so liegt die Annahme nahe, dass die

---

[6]) s. Kuntze d. Oblig. im röm. und heut. R. (1886) § 43. 44. 65.

Unentschiedenheit von Haus aus eine absolute war, m. a. W. dass der Gedanke der Unentschiedenheit anfänglich rein, ungetheilt und ungemischt auftrat, denn Reinheit ist Einfachheit, und Einfachheit ist bei normaler Entwickelung der Dinge immer das Aeltere, Künstlichkeit das Jüngere. Ebenso natürlich, wie dies, ist aber auch das Trachten des Verkehrs, das Urbild der Bedingung zu verlassen, weil Unentschiedenheit ein Zustand der Spannung, eine Quelle von Unbehagen und selbst ein Anlass von Conflikten ist, wovon der nach festem Boden verlangende Verkehrsmensch Befreiung sucht. So kommt geschichtliche Bewegung in den Bedingungsbegriff, indem die Unentschiedenheit, so weit nur möglich, eingeschränkt, auf das schlechthin nöthige Maass zurückgeführt wird. Die Frage ist nun, ob in dieser Richtung geschichtliche Stufen unterscheidbar sind.

1. In ihrem Urstadium denken wir uns die (schwebende) Bedingung als einen Zustand schlechthiniger Unentschiedenheit in dem oben angegebenen Sinne. Die Vertragsparteien haben ihren Willen rechtsgültig erklärt, dass die eine Partei im Fall eines zukünftigen ungewissen Umstandes Eigenthum, Forderungsrecht haben soll, im anderen Fall nicht. Hier schwebt das Eigenthum, das Forderungsrecht über den Subjekten; keine Partei kann vorläufig behaupten, dass sie Eigenthümerin sei, bezw. ob Forderungsrecht bestehe, oder nicht; der Wille der Parteien hat sich schlechthin dem zukünftigen Umstand unterworfen, und dieser Umstand ist noch ungewiss. Eine solche Gestaltung unterscheidet sich allerdings noch von dem oben (sub. I.) betrachteten Falle des servus usufructuarius: da war nur die (definitve) Person des Erwerbers ungewiss, während in dem Falle der urbildlichen Bedingung die Thatsache des Erwerbs selbst ungewiss ist; aber die Ungewissheit ist in beiden Fällen eine absolute.

2. Aus diesem Zustand sucht nun der Verkehrssinn sich

herauszuarbeiten, und es lässt sich eine doppelte oder dreifache Stufe in dieser Arbeit unterscheiden.

A. Man will wenigstens für die nächste Zeit, d. h. für die Zeit des Schwebens eine Bestimmtheit, einen Boden, auf den man treten kann, eine Interimsordnung des rechtlichen Zustands, vorbehaltlich der endlichen Entscheidung. Das ist eine Einschränkung der Unentschiedenheit, welche nur so erfolgen kann, dass zwei Wege unterschieden werden. Diese Unterscheidung ergibt zwei Arten der Bedingung, ist also eine Theilung des Urbegriffs, und man erlangt statt der einen Bedingung zwei Arten der Bedingung, die aufschiebende und die auflösende oder Suspensiv- und Resolutivbedingung. In der ersteren liegt die einstweilige Aufrechthaltung der bestehenden Wirklichkeit mit der Möglichkeit späterer Entscheidung des Gegentheils, in der letzteren liegt vorläufige Neuerung mit der Möglichkeit späterer Entscheidung des Gegentheils. So hat man einen Thatbestand für das Interim gewonnen; die eine oder die andere Partei wird einstweilen als Eigenthümer, die eine Partei als frei oder als Schuldner behandelt, und nur im Hintergrunde lauert die Möglichkeit, dass schliesslich das Gegentheil Platz greift, m. a. W., dass vermöge der Rückziehungskraft der Bedingung die Unwahrheit des einstweiligen Thatbestands aufgedeckt wird. Die in eine aufschiebende und eine auflösende getheilte Bedingung lässt also die definitive Entscheidung unberührt und ebnet nur den thatsächlichen Boden für das Interim; die Neutralität oder Unentschiedenheit wird nicht verneint, aber für die Zeit des Interim zurückgedrängt und insofern zeitweilig eingeschränkt.

B. Man will sich nicht begnügen mit einer vorläufigen Ordnung, die möglicherweise nachträglich sich als unwahr erweist, sondern will, das Interim definitiv geordnet haben, vorbehaltlich anderer Entscheidung für die Zeit nach dem

Interim. Solchenfalls wird, sozusagen, die Unentschiedenheit von den Parteien eingeschränkt auf die Zeit nach der Entscheidung der Bedingung. Die Zeit des Interim wird hier unabhängig gemacht von dem entscheidenden Umstand, die Macht desselben also verkürzt, der Eintritt der Wirkungen des Rechtsgeschäftes von diesem selbst zeitlich getrennt, also Ursache und Wirkung auseinander gerissen und eine Künstlichkeit in das Verhältniss hineingetragen. Das liegt ausserhalb des Wesens der Bedingung[7]) und kann nur mit fremden Mitteln erzielt werden; der dies muss der conditio zu Hülfe kommen, wodurch die Bedingung von ihrer Reinheit einbüsst und zur (mit Befristung) gemischten Bedingung wird.

Sie entfernt sich noch weiter, als das Prinzip der aufschiebenden und auflösenden Bedingung, von dem (oben gezeichneten) Urbild. Der Bedingung ist die Retrotractivkraft genommen, der Eintritt der Bedingung lässt den bisherigen Thatbestand unversehrt und äussert seine Wirkung nur in die Zukunft. Das kann praktische Vortheile bieten, und darum mag in vielen Fällen der Wille des Gesetzgebers oder der Geschäftsparteien auf eine solche Gestaltung hinzielen, aber rein gedankenmässig gefasst, ist diese eine künstlichere Figur und darum wohl die jüngere Schöpfung des Verkehrs, entsprechend der verwickelteren Gestaltung des Verkehrs und Denkens der Menschen.

Sie ist eine Entfernung vom reinen Bedingungsbegriff, aber zugleich ein Postulat des gegen das Unbehagen der Unentschiedenheit sich nachdrücklichst wehrenden Verkehrssinns. Vielleicht gelingt es, unter diesem Gesichtspunkt zu einer Versöhnung der über die Retrotractivkraft der Bedin-

---

7) Meines Dafürhaltens liegt also die Retrotractivkraft in der Konsequenz der reinen Bedingung.

gung streitenden Parteien zu gelangen⁸). Die Bedingung mit Retrotractivkraft ist die reine Bedingung und der Ausgangspunkt der Entwickelung, aber das Verkehrsinteresse drängt Gesetzgeber und Parteien an vielen Punkten dazu, die (mit Befristung) gemischte Bedingung zu wählen⁹). Dahin gestellt lasse ich die Frage, ob diese im römischen Recht ersichtliche Bewegung in der Zeit der classischen Jurisprudenz bis dahin gelangt sei, dass man die gemischte Bedingung für die Regel zu erklären hätte. Einen breiten Raum nimmt sie da jedenfalls ein, und es erklärt sich aus dieser Wahrnehmung, dass unsere neuere Doctrin so wenig geneigt ist, Bedingungsbegriff und Retrotractivkraft als zusammengehörig zu betrachten. Man löse die logische Streitfrage in eine geschichtliche Frage auf; dann wird sich auch das Problem leichter lösen lassen.

C. Ein letztes Glied in dieser Kette ist vielleicht die uns in den Quellen der classischen Zeit entgegentretende Auffassung der auflösenden Bedingung, wonach das Rechtsgeschäft selbst hier ein purum negotium ist und die Nebenbestimmung zwar eine rückwirkende (Suspensiv) Bedingung setzt, aber ohne dieser schlechthin s. g. dingliche,

---

8) Vergl. Windscheid Pand. I. § 91.
9) Das genetische Verhältniss scheint mir ähnlich zu seyn, wie bei dem Servitutrecht des usus, in welchen sich Etwas vom Ususfructinhalt mischen kann. Die Fruchtgenusszugabe an den Usuar ist nicht begrifflich aus dem Ususfruct abzuleiten, sie ist nicht die Regel, sondern greift nur bei der Vermächtnissinterpretation im Interesse der Liberalität letzter Willen Platz; sie ist vielleicht statistisch (bei der Häufigkeit der Legate) das Häufigere, aber begrifflich doch nur Ausnahme und der hier erweiterte Usus im Grunde kein reiner Usus mehr, sondern ein mit einem gewissen frui gemischter Usus. Wie diese Erweiterung aus der Berücksichtigung des Verkehrsinteresses kam, so auch die mit dies gemischte conditio, und wie der gemischte usus sicherlich eine spätere Bildung ist, so auch die gemischte Bedingung. Vergl. Schönemann, die Servituten S. 40.

direkte Wirksamkeit zu geben, so dass im Fall Eintritts der aufschiebenden Bedingung dem Rückerwerber nur ein obligatorischer Anspruch auf den Gewinn der Zwischenzeit zusteht[9]).

§ 16.
V. Stipulatio ambulans.
(Excurs über die Handelsfirma.)

I. Ich wies schon bei der Besprechung der acquisitio in pendenti (s. oben § 15. II.) auf die Theorie als eine mögliche hin, dass der Sklave selbst als die Person gerechnet werde, in welcher die geplante Rechtswirkung Wurzel schlage. Diese Theorie nun, scheint mir, tritt noch entschiedener zutage in dem von Ulpian in fr. 24. § 2. de usufructu behandelten Falle. Dieser Jurist stellt hier der Regel: non solet stipulatio semel cui quaesita ad alium transire[1]), in welcher die persönliche Unbeweglichkeit der Obligatio anerkannt ist, die Fälle einer stipulatio a fructuario ad proprietarium transiens und einer stipulatio a fructuario ad heredem profecta et ad fructuarium rediens, m. a. W. die Gestalt einer obligatio ambulans gegenüber. Ich hebe hervor, dass Ulpian es ist, von welchem wir diesen Ausspruch haben[2]), derselbe Ulpian, in dessen Theorie die Zuerkennung einer Art von Persönlichkeit an den Sklaven, wie wir sie in der philosophisch-humanitären Strömung der Kai-

---

9) S. Windscheid Pand. § 91. Anm. 3.

1) Gaius (3, 176) drückt das bekanntlich so aus: interventu novae personae nova nascitur obligatio. Vergl. Gai. 2, 38.

2) Auch Paulus (in fr. 26. de usufr.) berührt die operarum locatio eines servus fructuarius, aber ohne tiefer in den Hintergrund dieses Verhältnisses einzudringen.

serzeit auftauchen sehen, am weitesten gediehen ist. Die Gestalt der stipulatio ambulans Ulpian's ist durchaus unmöglich und undenkbar ohne die Annahme, dass eine obligatio im Sklaven entstehen und in dessen Person Wurzel schlagen könne (um dann zum Frommen des oder der Herren verwerthet zu werden). Diese Annahme stimmt ganz zu den anerkannten Fällen einer naturalis obligatio des Sklaven, wobei ja die Vorstellung, dass der Sklave Subject eines Rechtsverhältnisses und folglich Person (wenn auch in engsten Schranken und fast nebelhaften Umrissen) sei, ganz unabweisbar für das folgerichtige Denken ist.

II. Zwei Fälle bespricht Ulpian: einfache Consolidation des Niessbrauchs und Untergang desselben mit nachfolgendem Wiederaufleben. In beiden Fällen liegt eine operarum locatio Seiten des s. fr. vor verbunden mit einer incerti stipulatio in annos singulos, also eine Vermiethung mit stipulatorischer Bekräftigung der Lohnverbindlichkeit.

Das Forderungsrecht aus solcher Miethstipulation wird dem Nutzniesser erworben. Geht es aber auch mit dem Niessbrauch, wenn dieser (als Servitut) aufhört, unter? Nein, sagt Ulpian und ebenso Paulus in den angeführten Stellen, vielmehr quod superest, ad proprietarium pertinebit, wie Paulus sagt, oder sequentium annorum stipulatio ad proprietarium transit, wie Ulpian sagt, und Letzterer erinnert ausdrücklich, dass solcher transitus stipulationis, d. h. obligationis etwas Ungewöhnliches sei. Urheber dieses Gedankens ist Julian, auf welchen sich Papinian beruft, indem er hinzufügt: quae sententia mihi videtur firmissima ratione subnixa[3]).

Wie kann ein dem Nutzniesser erworbenes Forderungsrecht von dessen Person gelöst und auf eine andere Person,

---

3) Fr. 18. § 3. de stip. serv. (45, 3).

den Eigenthümer des Sklaven hinübergeleitet werden? In der That ist die stipulatio „in annos singulos" eine una et incerta et perpetua[4]); handelt es sich also im vorliegenden Falle wirklich um Wanderung der obligatio, die in der Person des Nutzniessers zum (vollen) Daseyn gelangt ist und dann auf den Eigenthümer übergeht? Es scheint der Fall eines transitus obligationis a persona in personam ausserhalb des Bereichs der Universalsuccession vorzuliegen. Er ist aber in der Tiefe des Gedankens vermittelt durch die Person des servus stipulator, in welchem die Continuität, oder genauer, die Identität der Obligatio begründet ist. Der Grundgedanke ist, dass der Sklave eine zwar untergeordnete und ganz abhängige Persönlichkeit hat, die aber doch keimartig vorhanden und für gewisse Beziehungen verwerthbar ist, ebenso verwerthbar, wie die obligatio litiscontestatione consumta noch als Unterlage für die Accessionen naturali jure gilt. So hängt dann die obligatio am Sklaven, und wenn dessen Nutzung an den Eigenthümer zurückfällt, gelangt auch die stipulatione servi begründete obligatio in das Vermögen des Eigenthümers; sie gelangt dahin nicht jure novationis, sondern kraft eines davon ganz verschiedenen Rechtsvorgangs, in welchem die Individualität der Obligatio durch Beziehung auf das Individuum Sklave gerettet wird[5]).

III. Der andere in fr. 25. § 2. u. f. de usufr. gesetzte Fall spinnt den Gedankenfaden weiter: die Wanderung kann sich im Falle der Restitution eines capite minutus fortsetzen, d. h. ein reditus obligationis ad fructuarium stattfinden.

Wenn nämlich der Niessbraucher, welcher die Servitut durch legatum in annos singulos erworben hatte, capitis

---

4) Pomp. fr. 16. de V. O. (45, 1). Anders in den Fällen in fr. 75. § 9. und fr. 140. cod. Anders auch beim legatum in singulos annos: s. fr. 4. 11. de auu. leg. (33, 1) und fr. 20. quando dies (36, 2).

5) Genaueres hierüber s. u. sub VI.

deminutio, z. B. durch deportation oder damnatio in metallum, erlitt, so ging ihm die Servitut verloren, und die obligatio ex stipulatione servi fiel an den Erben; aber der deportatus oder servus poenae konnte ex indulgentia Principis restituirt[6]) und in sein Vermögen wieder eingesetzt werden[7]). Erlangte nun der frühere Niessbraucher sein Vermögen zurück, so lebte auch der Niessbrauch in seiner Person und die Stipulationsforderung werde auf: das nennt Ulpian eine stipulatio rediens ad fructuarium. Die in die Zwischenzeit fallenden Früchte gehörten dem Erben, und nur von der Restitution an trat der ehemalige Niessbraucher wieder in den Genuss seines wiedererlangten Rechtes ein[8]). Man kann das eine Wanderung der stipuatio servi fructuarii nennen und sogar die Möglichkeit einer Wiederholung der capitis deminutio und restitutio bonorum ins Auge fassen.

IV. Ausführlich verbreitet sich an anderer Stelle Ulpian über eine andere Erscheinung im Sklavenrecht, welche mit der oben betrachteten verglichen werden kann und mit den Worten bezeichnet wird: ambulat cum dominio bonorum possessio[9]). Wenn ein fremder Sklave zum Erben eingesetzt ist, so ist der jeweilige Herr des Sklaven in der Lage, sich durch Ertheilung des jussus adeundi das Recht der Erbfolge

---

6) § 1. J. qu. mod. jus (1, 12).

7) Die restitutio per Principem war entweder eine allgemeine Maassregel (rest. generalis s. communis) oder eine persönliche Gnade, entweder nur dignitatis restitutio oder dignitatis ac bonorum restitutio; um diese umfassendere Restitution handelt es sich in unserm Falle. Ueber die restitutio eines capite minutus per Principem s. tit. Dig. de sentent. passis (48, 23), tit. Cod. de sent. pass. (9, 51); fr. 1. § 9. do B. P. c. t. (37, 4); sie ist nicht mit der natalium restitutio eines libertinus zu verwechseln: s. tit. Dig. de natalib. rest. (40, 11).

8) Vergl. c. 13. § 1. de sent. passis (9, 51); anders im Fall des postliminium.

9) fr. 2. § 9. de B. P. s. t. (37, 11).

zu verschaffen¹⁰), und dieses Recht folgt dem Sklaven, wenn er veräussert wird, in jedes neue Herrschaftsverhältniss.

Näher liegt es, mit der stipulatio ambulans die Noxalklage zu vergleichen, weil es sich hier gleichfalls um eine obligatio auf der Wanderschaft handelt, freilich auf der Schuldnerseite. Gaius (4,77) sagt: omnes noxales actiones caput sequuntur, und Paulus drückt dasselbe mit den Worten aus: actionum ex delicto venientium obligationes cum capite ambulant¹¹).

Auch hier kommt man, wenn man ernsthaft in die Tiefe greift, nicht wohl ohne den Gedanken aus, dass die Anerkennung einer Persönlichkeit des Sklaven im Keimen und der Gedanke einer solchen das eigentliche Agens im constructiven Aufbau der Rechtssätze ist.

V. Sollte sich der Gedanke, dass der Begriff der Persönlichkeit Abstufungen der Reife und Kraft zulässt und das Verkehrsbedürfniss solche Abstufungen fordern kann, nicht auch für moderne Verhältnisse und Probleme brauchbar erweisen? Mir kommt das Problem der offenen **Handelsgesellschaft** und der **Handelsfirma** in den Sinn. Ist jene eine juristische Person, diese der Ausdruck einer abgesonderten Vermögenssphäre? Offenbar treten uns hier Erscheinungen des praktischen Lebens entgegen, welche nicht ohne Weiteres in den üblichen Kategorien unterzubringen sind.

Unsere deutsche Doctrin neigt allzusehr dahin, logisch zu fixiren, was im Flusse des Lebens steht und einer Mannigfaltigkeit von Gestaltungen fähig ist. Ich denke an den **Besitzbegriff**, an die **universitas rerum cohaerentium**,

---

10) Ich möchte diese Rechtslage vergleichen mit der Füglichkeit des neuen Inhabers eines in blanco indossirten Wechsels, sich durch Ausfüllung oder Weiterindossirung zum wirklichen Wechselberechtigten zu machen.
11) fr. 7. § 1. de cap. min. (4, 4).

an die Pertinenz, an den Souveränetäts- und Persönlichkeitsbegriff. Die Römer dachten anders. Ihnen erschien die staatliche Souveränetät, die privatrechtliche Persönlichkeit empfänglich für Variationen und Modificationen; wie sie abhängige souveräne Staaten (Clientelstaaten, foedera iniqua) kannten, so auch abhängige Personen mit relativ selbständigen Vermögenssphären. Warum wollen wir spröder, als die Römer seyn!

Ich trage kein Bedenken, von mehr oder minder abhängigen Personen zu reden, und nicht bloss dem Sklaven des römischen Rechts, sondern auch der Firma des modernen Handelsrechts eine relative, in gewisse Schranken gebannte Persönlichkeit zuzuschreiben und diese Schranken nach dem Maass des Verkehrsbedürfnisses bestimmbar zu denken. Ich will die Firma damit nicht auf gleiche Linie mit den (eigentlichen) juristischen Personen stellen, aber ihnen doch gewissermaassen eine eigene Körperlichkeit vindiciren. Es gilt, diese zu präcisiren, statt sie zu negiren. Wir haben der Thatsache Rechnung zu tragen, dass es im Leben zahlreiche Dependenzexistenzen, abhängige Grössen gibt, mit welchen das Schicksal gewisser Rechtsverhältnisse verknüpft ist, und welche als Filialpersonen bezeichnet werden können: nicht Personen im gewöhnlichen vollen Sinne und doch wirthschaftliche Grössen, welche ihr besonderes Leben führen, ihren eigenen Namen haben, nicht ohne Weiteres in der Persönlichkeit des oder der Herren aufgehen[12]) und durch einen Rechtsakt aus abhängigen zu selbständigen Personen werden können. Wie der Sklave freigelassen die obligatio ex delicto

---

12) Wie der gemeinsame Sklave mehrer condomini als Träger eines einheitlichen Peculium galt und jeder condominus primär für sein Peculium, secundär aber auch für das des anderen einstand, so die Handelsgesellschafter nach Handelsrecht. Vergl. oben § 9 I. 2. H.G.B. Art. 122.

in die Freiheit mit hinüber nimmt[13]), so die Firma die zu ihr gehörigen Rechte, wenn die Privatunternehmung zu einer Actiengesellschaft erhoben wird. Die moderne Gründung ist das Seitenstück zu der antiken Freilassung[14]), denn in beiden Fällen entsteht eine Person, und entsteht die Person nicht aus dem Nichts, sondern durch Erhebung einer unvollkommenen und unfertigen zur vollkommenen und fertigen Person.

Ist diese Zusammenstellung leere Spielerei? Ich meine nicht; sie verschafft uns ein römisches Vorbild für die civilistische Construction von Verkehrserscheinungen, welche, so zahlreich und bedeutungsvoll sie in Wirklichkeit sind, doch der Doctrin noch als Räthsel oder Nebel gelten. Wir treten aus dem Nebel heraus, sobald wir römische Constructionen in Sicht bekommen, und können nicht ins Arge gerathen, so lange wir solche Leitsterne im Auge behalten. Die römische Kaiserzeit krankte an einem Uebermaass von Freilassungen dergestalt, dass die Gesetzgebung dagegen vorging; unsere Zeit ist in den ganz analogen Fehler eines Uebermaasses von Gründerunternehmungen verfallen, worin durchaus nicht immer gesunder Geschäftsschwung, sondern oft krank- und schwindelhafte Wucherung zu erblicken ist. Was damals die Ueberflutung mit den problematischen Existenzen freigelassner Sklaven war, eine private Passion und eine sociale Gefahr, das ist heutzutage die Ueberflutung mit Gründerprojekten und solchen Aktiengesellschaften, welche die Gefahr einer Uebervölkerung im Gebiete der juristischen Personen uns vor Augen führen. Die wirthschaftliche Analogie

---

13) Gai. 4, 77.
14) Auch für die Frage letztwilliger Stiftungen (Städelsche Erbschaft!) lässt sich auf die Freilassung und Erbeinsetzung von Sklaven im Testament verweisen.

scheint mir aber zugleich eine juristische zu seyn: darum dieser Excurs.

VI. Ich komme nach der vergleichenden Betrachtung auf das erste Thema dieses §., die stipulatio ambulatoria, zurück, von welcher ich oben schon sagte, dass sie nicht unter den Gesichtspunkt einer novatio gebracht werden könne. Aber liegt etwa eine (Singular-) Succession in Obligationen vor? Es wäre das eine ausserordentliche Erscheinung im römischen Recht. Wir müssen diesen Gedanken zurückweisen. Er entspricht nicht dem Ausspruch Julian's, welcher den Fall einfach so bezeichnet: finito usufructu, domino residui temporis adquiri stipulationem[15]), ohne von einem Uebergang etwas zu sagen, und Papinian fügt ausdrücklich erläuternd hinzu: singulorum annorum initio cujusque anni pecunia fructuario quaeretur: secundum quae non transit ad alterum (sc. dominum) stipulatio, sed unicuique tantum acquiritur, quantum ratio juris permittit. Offenbar lehnt hier Papinian den Successionsgedanken ab, er sieht den Erwerb der Obligatio Seiten des dominus als einen originären an[16]), in ähnlicher Weise, wie wir auch bei der actio aquae pluviae arcendae und den anderen persönlichen Klagen mit unpersönlicher intentio (s. g. actiones in rem scriptae) nicht an eine Kette von Singularsuccessionen, sondern an eine Folge[17]) von Originärverpflichtungen zu denken haben. Es gilt hier, was Ulpian einmal von den Noxalklagen sagt: nec tantum nobis, verum etiam successoribus nostris competent; item adversus successores, sed non quasi in successores,

---

15) fr. 18. § 3. de stip. serv. (45, 3).
16) Das geht auch aus dem Schlusssatz der Stelle noch hervor, wo der Erwerb des dominus unzweifelhaft als ein selbständiger erscheint.
17) Bei einer Kette greifen die Glieder in einander; der andere Fall könnte mit einer Schnur verglichen werden, auf welche die einzelnen Erwerbsakte wie lose Perlen aufgereiht werden. Dort ist ein Ineinander, hier ein Nebeneinander.

sed jure dominii[18]). Freilich bedient sich Ulpian in dem analogen Falle der actio aquae pluviae arcendae einmal des Ausdrucks: si quis dominium ad alium transtulerit fundi, desinit habere aquae pluviae arcendae actionem, eaque ad eum transibit, cujus ager esse coepit[19]), indess corrigirt er sich gleichsam selbst sofort, indem er hinzufügt: ad eum, qui dominus erit, incipiet actio pertinere.

In ähnlicher Weise hat sich auch bei dem servus fructuarius Ulpian zu dem Ausdruck verstiegen: transit stipulatio a fructuario ad proprietarium, wie im absichtlichen Gegensatz zu Papinian[20]). Allein Ulpian war gewiss weit entfernt, sich ohne Umstände in Gegensatz zu Julian und Papinian setzen zu wollen; er hatte wohl den Sklaven, als den eigentlichen Träger der Obligatio, im Auge: nach seiner Auffassung, die ja die Persönlichkeit der Sklaven überhaupt mehr betonte, haftete die Obligatio am Sklaven und blieb dieselbe, wie der Sklave derselbe blieb, und nur durch dessen Vermittelung gelangte die Obligatio an den proprietarius.

---

18) fr. 42. § 2. de nox. act. (9, 4).
19) fr. 6. § 4. de aqua et aq. pluv. arc. (39, 3).
20) Cujacius in libr. XXVII. Quaest. Papin. ad fr. 18. § 3. de stip. serv. meint, Papinian habe stillschweigend den Ulpian, ohne ihn zu nennen, zurecht weisen wollen. Aber schrieb denn Papinian später, als Ulpian? Auch von einer Aemulation zwischen den beiden Juristen, wie Cujacius vermuthet, ist nichts zu spüren; bekanntlich beruft sich Ulpian mit Vorliebe und Nachdruck auf Papinian's Autorität.

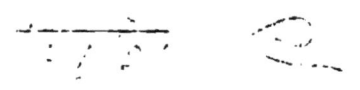